트라우마 치유와
자기계발을 위한
심리멘토링

나 를 바 꾸 는 새 로 운 방 법

트라우마 치유와
자기계발을 위한
심리멘토링

| 김지우 지음 |

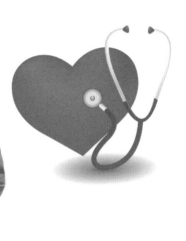

지식공감

프롤
로그

　요즘 나는 주위 사람들로부터 "잘 나간다."는 말을 자주 듣는다. 그 이유는, 내가 심리상담을 하는 방식이 꽤 많이 알려지고 긍정적인 호응이 이어지면서 나를 찾는 내담자들이 점점 늘어나고 있기 때문이 아닐까 싶다. 심리상담을 많이 한다는 것은 그만큼 상담의 효율성이 높다는 뜻이기도 하므로 나는 솔직히 그런 말을 들을 때마다 기분이 좋아진다.

약한 뿌리를 튼튼하게, 토양도 좋게 바꾸는 것이 근본적인 치료다

　나는 트라우마 치유와 자기계발을 병행하여 상담을 진행한다. 트라우마 치유는 나무의 상하고 병든 뿌리를 수술⑦하는 과정이고, 자기계발은 나무 주변의 토양을 좋게 바꾸는 과정으로 비유해서 설명할 수 있다. 그렇게 해야 나무가 건강하게 성장할 수 있다고 나는 믿는다.

　지금까지의 심리상담이 나무의 뿌리를 치유하는 데 초점이 맞춰져 왔다면, 나는 그것과 더불어 나무 주변의 토양도 좋게 바꿔주는 방식을 상담에 추가로 도입한 것이다.

내가 이런 방식으로 심리상담을 하게 된 계기는, 기존의 상담 방식이 너무나 비효율적이라는 사실을 절감하고 획기적인 개선책과 상담 방식의 변화가 필요하다는 인식이 강하게 작용했기 때문이다.

사실 나는 내 자신이 온갖 심리적인 증상에 시달리던 환자⑺였다. 열등감과 피해의식, 강박증, 무기력증, 사회공포증 등 심리적인 장애란 장애는 모조리 내가 갖고 있었다. 그래서 나는 스스로를 치유하기 위해 심리에 대해 공부하고 명상이나 최면 그리고 NLP, EFT, EMDR, 뉴로피드백, 가족세우기, 호오포노포노 등은 물론 각종 종교에 이르기까지 심리와 영적인 문제를 다루는 온갖 기법들을 두루 섭렵했다. 그 많은 시간들… 생각해보면 30년이 훌쩍 넘었다.

하지만 심리에 대해 공부를 할수록 지식은 늘어났지만 내 삶은 좀체 바뀌지 않았다. 내 삶은 왜 그대로인가? 나는 깊이 고민하면서 심리상담기법들을 심층적으로 분석했다. 그 결과 각 기법들이 갖고 있는 고유의 장점은 있었지만, 한계도 분명히 있음을 발견할 수 있었다. 즉 어떤 기법이든 만능은 아니었던 것이다.

그래서 나는 각 기법들이 갖고 있는 장점들을 취합하고 다른 기법들과 연계하여 트라우마 치유와 왜곡된 삶의 틀(프레임 Frame)을 바람직하게 바꾸는 방법을 연구하는 과정에서 내 나름대로 그 원리를 터득하는 단계에 이르렀다. 그리고 임상실험을 거쳐 실제 상담에 적용해보니 시너지 효과가 엄청나게 큰 것을 확실히 느끼고 깨닫게 되었다.

트라우마 치유와
자기계발을 위한 심리멘토링

나는 이것을 〈고효율 프레임 심리상담〉이라 명명하고, 이렇게 근본적인 심리치료를 하기 위해서 심리상담기법들을 종합적으로 활용한다. 앞서 말한 대로, 정신분석과 인지행동치료는 물론이고 최면, NLP, EFT, EMDR, 뉴로피드백, 명상테라피, 가족세우기, 호오포노포노 등 세계적으로 주목받는 첨단 기법들을 종합적으로 활용하여 내담자의 증상에 꼭 맞는 방식으로 상담을 진행하는 것이 현재 내가 하고 있는 심리상담 방식이다. 나는 지금 내가 하고 있는 〈고효율 프레임 심리상담〉이 트라우마 치유는 물론 내담자의 왜곡된 삶의 틀을 가장 효과적으로 바꾸는 방법이라고 확신한다.

모든 경험은 자원이다

나는 만 4년 전에 심리상담센터를 개원했다. 그전까지 내가 해온 일들은 문인으로서 글 쓰는 것과 신문, 잡지 편집, 강의, 문화 및 출판 기획과 같은 것들이었다. 그런 일들은 그런대로 내게 잘 맞았고 성과도 괜찮은 편이었다. 그런데 내가 가장 하고 싶은 일은 '마음'과 관련되는 것이라는 생각이 항상 내 머릿속에 자리 잡고 있었다. 그것이 마치 나의 사명과도 같이 여겨졌고 결국 나는 '마음'을 치료하고 관리하는 심리상담센터를 열게 된 것이다.

운이 좋아서인지 상담센터를 개원하고 얼마 지나지 않아서부터 내담자들이 차츰 많아지기 시작했고 시간이 지날수록 상담 신청이 더욱 늘어났다. 의사, 변호사, 교사, 공무원, 주부, 학생 등 각계각층의 사람들이 연령층도 다양하게 상담을 신청했고, 나는 날마다 거의 종일토록 상담에 임해야 했다.

상담을 하면서 나는 나의 지난날들이 참으로 소중하게 여겨졌다. 내담자들의 불편한 진실이 내가 겪은 경험과 맞닿아 있었기 때문이다. 나의 복잡한 가족사와 정체를 알 수 없는 우울과 불안함 그리고 터널처럼 길고 암울했던 정신적인 방황의 흔적들이 내담자들의 증상과 동일시되는 현상을 불러일으켰다. 나는 그들의 아픔에 진심으로 공감한다. 그들의 아픔이 내 아픔이었다. 아픈 사람의 심정은 아파본 사람이 잘 알지 않겠는가.

누구나 그렇듯이, 나도 몸과 마음이 아플 때는 다른 생각을 할 겨를이 없었다. 내가 제일 힘들고 불행하다고 느꼈다. 아, 세상에 나 같은 사람은 없을 거야. 도대체 누가 세상을 이따위로 만들었을까…. 너무 심하게 아플 때는 부모님을 원망하고 신을 저주하기도 했다. 도무지 막막하기만 한 현실에서 도피하고 싶었지만, 도피처는 어디에도 보이지 않았다. 그래서 차라리 죽고 싶다는 생각도 많이 했다. 참으로 참담하고 침울했다. 끝이 보이지 않는 어둠 속에서 나는 좌절하고 또 좌절했다.

그런데 지금은 그것이 나의 자산이다. 내가 그런 고통을 겪지 않았으면 지금의 나는 없을 것이다. 그때는 몰랐지만, 알고 싶지도 않았지만, 내게는 그런 고통스러운 경험이 꼭 필요했다고 생각한다.

트라우마 치유와
자기계발을 위한 심리멘토링

심리치료는 고통에서 벗어나기 위해, 자기계발은 즐겁게 살기 위해 필요하다

요즘을 '100세 시대'라고 한다. 그만큼 평균수명이 늘어났다는 것이 긴 하지만 오래 산다는 것이 결코 좋은 것만은 아니라는 의견도 적지 않다. 몸이 아프거나 의지할 가족이 없거나 경제적으로 궁핍하다면 나이가 많아질수록 불행하다는 것이 그 이유이다.

그렇다면 어떻게 해야 고령화 시대에 행복하게 살 수 있을까? 그것은 자기가 좋아하는 일을 하면서 몸과 마음이 건강한 가운데 가치 있고 즐거운 삶을 살 때 가능하다.

"이제는 50~60대에도 자기계발을 해야 합니다. 왜냐하면, 앞으로는 70~80대에도 자신에게 맞는 일을 해야 하기 때문입니다."

내가 내담자들에게 자주 하는 말이다.

그렇다. 앞으로는 젊은 세대뿐만 아니라 중장년 세대도 자기계발을 해서 죽을 때까지 할 수 있는 일을 찾아내고 전문성을 키워야 한다. 그 것은 반드시 돈을 벌기 위해서가 아니라 인간으로서의 존엄성과 자존 감을 높이는 가장 바람직한 방법이기 때문이다.

자, 지금부터 오랫동안 건강하고 즐겁게 살 수 있는 방법에 대해 알아보도록 하자.

이 책을 읽는 분들께

이 책은 일반인들은 물론 심리상담 현장에서 활동하는 상담사들에게도 실질적인 도움이 되기를 바라는 심정으로 기획하고 집필했다. 그렇게 되기 위해서는 몇 가지 필요한 요소들이 있다고 생각하고 그것에 중점을 두고 이 책을 썼음을 밝혀두고자 한다.

첫째는, 실제로 심리상담이 어떻게 이루어지는지를 쉽게 이해할 수 있도록 현재 전국의 심리상담센터에서 상담을 하는 절차와 과정을 사실적으로 서술하는 데 초점을 맞추었다.

둘째는, 책의 포맷이 교과서적이면서도 자유로운 에세이 형식이 조화를 이루어 내용의 유익성과 읽는 재미를 더할 수 있도록 구성에 최대한 신경을 썼다.

셋째는, 독자들의 가슴에 와 닿을 수 있도록 내가 겪은 경험과 실제 상담 사례를 많이 인용하기 위해 노력했다.

그리고 내가 그동안 쌓아온 상담에 대한 노하우(Know-How)를 진정성을 담아 전달하도록 나름대로 심혈을 기울였다.

근래에 들어 심리상담과 자기계발에 관심을 갖는 사람들이 눈에 띄게 늘어나고 있다. 그리고 그 중에는 아예 이 분야의 전문가가 되기를 희망하는 사람들도 적지 않다. 그래서 대학원에 진학하거나 심리와 관련된 자격증을 따는 경우도 흔히 볼 수 있는 풍경이다. 하지만 막상석, 박사 학위를 취득하고 관련 자격증을 딴다고 하더라도 금방 심리상담전문가가 되는 것은 아니다. 그때부터 수련과정을 거치고 슈퍼비전을 받고 임상경험을 쌓아야 한다. 그런데 막상 전문적인 수련과정을 어디서 어떻게 받아야 하는지를 몰라서 헤매는 경우가 많은 것이 현실적인 상황이다.

나는 이 책이 그런 분들과 각종 트라우마로 고통받는 분들 그리고 미래의 합리적인 목표 설정과 동기부여가 필요한 분들께 올바른 방향과 가장 합리적인 방법을 제시하는 텍스트가 되기를 바란다. 그래서 인류가 추구하는 건강하고 풍요롭고 행복한 삶을 사는 데 작은 기여라도 할 수 있기를 진심으로 소망한다.

이 책이 나오기까지 도움을 주신 모든 분들께 감사의 마음을 전하면서….

2018. 7. 26 김지우

C o n t e n t s

 1부 트라우마 치유를 위한 심리멘토링   19

1장 심리상담을 위한 멘토링

"심리상담을 받고 싶어요"

"나처럼 증상이 심한 경우에도 치유가 되나요?"

C o n t e n t s

Contents ────────────────────

피해망상증을 갖고 있어도 10년이나 20년 후에
대통령이 될 수도 있습니다.

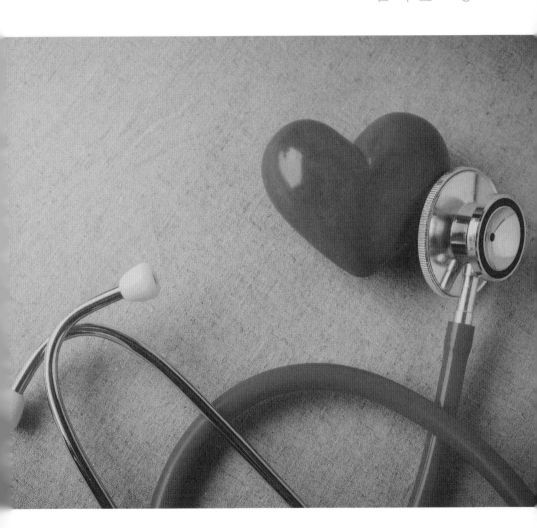

트라우마 치유를 위한
심리멘토링

1장
—
심리상담을 위한
멘토링

▼
▼

"심리상담을
받고 싶어요"

상담 절차

오전 9시경. 전화벨이 울린다.

김지우_ 네. 드림웰심리상담센터입니다.

문의자_ 아, 제가 심리상담을 받고 싶은데…, 어떻게 하면 되나요?

김지우_ 네. 상담 절차를 말씀드리겠습니다. 우선 전화로 예약을 하시고 예약된 날짜와 시간에 맞춰서 저희 센터로 오시면 처음에는 초기상담을 하게 됩니다. 초기상담을 해서 증상을 진단하게 되는데, 이때 간단한 면담 후에 심리검사를 하게 되고 또 필요하면 뇌파측정을 통해 뇌기능 분석도 하게 됩니다. 초기상담을 통해서 증상을 진단한 다음에는 상담 방향과 목표를 설정하고 상담을 진행하게 됩니다.

대부분의 심리상담센터에서는 상담 절차를 다음과 같이 정해놓고 있다.

초기상담 ➤ 상담목표
설정 ➤ 상담 진행 ➤ 상담 종결 ➤ 사후 관리

심리상담은 다치고 상한 마음을 치유하는 과정이다. 그런 점에서 심리
상담센터는 '마음을 치료하는 병원'이라고 할 수 있다. 몸과 마찬가지로
마음을 치료하는 과정은 일반 병원과 크게 다르지 않다. 몸이 아파서 병
원에 가면 의사와의 면담과 필요한 검사를 해서 증상을 진단하고 약을
처방하거나 수술을 하듯이 심리상담도 비슷한 과정으로 진행된다.

상담 방법

문의자_ 제가 대인기피증과 우울증이 심한데요. 심리상담은 어떻
게 하나요?

김지우_ 네~. 심리상담은 상담기법을 활용하게 되는데요. 모든 심
리증상을 치유하는 주 기법은 정신분석과 인지행동치료입니다. 그
리고 증상에 따라 필요하면 최면이라든지 NLP, EFT, EMDR, 명
상테라피, 뉴로피드백, 가족세우기, 호오포노포노 등과 같은 기법
들을 병행해서 심리상담을 진행하고 있습니다. 또한 아동들에게
는 미술치료나 음악치료, 놀이치료 등을 활용합니다.

심리증상을 가진 사람들은 궁금한 게 참 많다. 그래서 관련 서적을 읽
어보기도 하고 인터넷을 검색해서 필요한 정보를 찾기도 한다. 또 이렇게
심리상담센터에 직접 전화를 걸어서 묻는 경우도 상당히 많은 편이다.

트라우마 치유와
자기계발을 위한 심리멘토링

김지우_ 대인기피증과 우울 증세가 심하다면 사회적인 활동을 하는데 어려움이 뒤따를 수 있는데요. 이런 증상들은 시간이 지나면 저절로 개선되는 경우도 있지만 오히려 더 심해질 가능성도 있습니다. 그래서 적절한 치료를 받는 것이 필요하죠. 각종 심리증상들은 트라우마로 인해 발생하기 때문에 심리상담을 받으면 자연스럽게 증상이 호전되고 일상생활도 한결 편해질 겁니다.

문의자_ 트라우마가 뭔가요?

김지우_ 트라우마가 뭔지 궁금하신가요? 알겠습니다. 지금부터 트라우마와 치유 과정에 대해 설명해드리겠습니다.

트라우마란?

트라우마의 사전적 의미는 외상, 정신적인 외상이지만, '상처'를 지칭한다고 하면 이해가 쉬울 것이다. (의학적으로는 정신적인 상처를 psychological trauma, 육체적인 상처를 physical trauma라고 부른다.) 그런데 최근에는 트라우마를 심리적인 증상과 동의어처럼 쓰고 있기도 하다.

"제가 동물에 대한 트라우마가 있어서 상담을 받고 싶어요."
"저는 섭식장애 트라우마가 있습니다.
"저는 왕따 당한 트라우마가 심해요."

이처럼 트라우마란 용어 자체를 마치 심리증상인 것처럼 일상적으로 쓰고 있긴 하지만 엄밀하게 말하자면 적절한 표현이라고 볼 수는 없다.

트라우마는 심리장애의 발병 원인이기 때문이다.

예를 들어서, 누군가가 어린 시절에 개에게 물린 경험이 있다면 개에 대한 공포심을 갖게 된다. 그래서 나이가 들어서도 개만 보면 무서워하는 현상이 나타날 수 있다. 일명 '개 공포증'이라고나 할까. 그런데 어릴 때 개에게 물린 상처는 이미 아물었고 흉터도 거의 남지 않았다면 겉은 멀쩡해 보인다. 다시 말해 육체적인 외상은 치료가 되었다고 볼 수 있다. 하지만 심리적으로는 아직 제대로 치료가 되지 않았다는 것이 문제이다. 그래서 개를 보면 여전히 무서움을 느끼게 되는 것이다. 개를 볼 때마다 조건반사적으로 상처가 다시 아프게 느껴지는데 이것이 외상 후 스트레스 장애로 작용해서 강박증으로 발전할 수도 있다.

트라우마 즉 상처 자체는 시간이 지나면 아물게 되고, 평생 개를 안 보고 지낸다면 그런 공포증이 생기지 않을 수도 있다. 이것이 트라우마와 심리증상의 미묘한 차이라고 할 수 있다. 다시 말하자면, 트라우마가 아물어도 심리증상은 남게 된다는 것이다.

하지만 트라우마와 심리증상을 명확하게 구분하기가 애매한 경우도 있기 때문에 통상적으로는 비슷한 개념으로 사용해도 크게 무리는 아닐 듯싶다.

···

트라우마의 생성 요인

물리적 요인 _ 사건, 사고

트라우마는 물리적 요인에 의해 생성될 수 있다. 물리적 요인은 사건, 사고와 같은 외상에 의한 것으로 전쟁, 교통사고, 성폭행, 학대와 같은 것들이 이유가 된다. 사건과 사고는 1차적으로 골절, 절단, 마비와 같은 신체적인 피해가 발생하지만 2차적으로 생기는 피해, 예를 들면 정상적인 사회생활이 어려울 정도의 우울증이나 불안증과 같은 심리적 피해가 더 심각해지는 경우도 드물지 않다. 또한 사고 자체가 너무 끔찍했다면 그 충격으로 인해 외상 후 스트레스 장애가 유발될 가능성도 크다. 아울러 우울증, 무기력증, 피해망상증 등의 또 다른 후유증이 발생할 수도 있다.

물리적 요인은 이렇게 사건이나 사고와 관련이 깊다.

환경적 요인 _ 정서 불안정, 자존심 손상

트라우마는 환경적 요인에 의해 생성되기도 한다. 환경은 다시 물리적인 환경과 정신적인 환경으로 구분해서 살펴보는 것이 필요하다. 물리적인 환경은 외모, 직업, 경제적 여건, 주변 사람들의 성향 등을 들 수 있다. 그리고 정신적인 환경은 주변 사람들과의 관계가 주요 요인이다. 특히 영유아기 시절의 부모 또는 주 양육자와의 관계가 핵심적인 요소라 할 수 있다. 어린 시절에는 부모 자체가 자녀의 정신적인 환경이기 때문이다. 프로이드(Sigmund Freud)가 영유아기 시절의 부모와의 관계를 강조했던 바와 같이, 그 시기에 부모가 적절한 사랑으로 자녀를 돌보았는지 아니면 학대를 일삼았는지에 따라 그 사람의 자존감과 정서적 상태가 달라진다. 그리고 어린 시절에 형성된 자존감과 정서적 상태는 전 생애에 걸쳐 지속적인 영향을 미친다.

환경적 요인은 이렇게 그 사람이 속한 집단의 분위기와 사람들과의 관계에서 비롯된 자존감, 정서적 상태와 관련이 깊다.

트라우마가 일으키는 증상들
- 정서적 무게 중심 -

심리증상의 종류

트라우마가 불러일으키는 심리적인 증상들은 다양하지만, 정서적인 무게 중심에 따라 크게는 우울장애와 불안장애로 나눌 수 있다. 정서적인 무게 중심이 아래로 향해 있으면 우울장애에 속하고, 위로 향해 있으면 불안장애에 속한다.

우울장애로는 우울증, 무기력증, 자살 충동 등이 있으며, 불안장애는 피해망상증, 강박증, 각종 공포증과 공황장애, 외상 후 스트레스 장애 등이 있다.

심리증상
(신경증)
┌ **우울장애** : 우울증, 무기력증, 자살 충동 등

└ **불안장애** : 피해망상증, 강박증, 결벽증, 사회공포증(대인기피증, 발표공포증, 시선공포증 등), 공황장애, 외상후 스트레스 장애 등

심리증상의 원인

우울장애는 상실감, 좌절감, 패배감과 가정, 자신이 속한 집단의 소속원들의 왜곡된 성향과 분위기 등이 주요 원인으로 작용한다. 그로

인해 자신이 아무것도 할 수 없다고 느껴질 때 자포자기, 의욕상실, 정신적인 공황 상태에까지 이르게 되고 자신의 존재 가치조차 무의미해질 수 있다. 증세가 심한 경우에는 자살로 이어지기도 한다.

또한 우울장애는 유전적, 환경적인 요인과 더불어 뇌의 신경전달물질(세로토닌, 노르에피네프린, 도파민 등)의 불균형이나 호르몬 이상 등의 생화학적 요인으로 발병한다고 알려져 있지만, 그 이전에 정신적인 상처 즉 가족, 연인의 죽음, 이별, 외로움, 실직 등과 같은 환경적인 스트레스로 인해 유발되거나 악화될 수 있다.

우울장애는 삶에 대한 동기가 약화되거나 사라지는 경우에 발생하는 증상이다.

불안장애의 원인은 크게 두 가지로 나누어서 살펴볼 수 있다. 첫째는, 영유아기 시절에 부모와의 관계에 문제가 있는 경우 즉 그 시기에 부모가 무관심하거나 폭력적이었거나 부부갈등이 심했던 경우 등 가정 분위기가 냉랭하고 경직되어 있었다면 정서적으로 몹시 불안정하게 되고 그런 상황이 자신의 생존에 위협이 된다고 느껴져서 본능적인 방어기제가 작용하게 된다. 또는 부모가 지나치게 엄격하거나 권위적인 경우에도 마찬가지의 결과가 나타난다.

둘째는, 성장 과정에서 끔찍한 사건이나 사고를 당했을 경우 외상 후 스트레스 장애로 인해 불안장애가 나타날 수 있다. 예를 들면, 집단폭행이나 화재, 각종 재난 등을 당하고 난 후에 나타나는 증상이 이에 속한다.

또한 불안장애는 죄책감이나 스트레스, 세로토닌의 분비 부족 현상,

그리고 세로토닌 호르몬을 분비시키는 유전자의 결함, 신경 전달 시스템이 비정상적으로 예민한 생화학적인 요인이 작용해서 나타날 수도 있다는 것이 널리 알려진 사실이다.

불안장애는 근본적으로 사람이나 사물에 대한 두려움과 불신이 무의식적인 신념으로 자리잡고 있어서 나타나는 증상이다.

심리증상의 특징

이런 증상들의 특징은 다음과 같다.

🌿 삶에 대한 동기 약화 _ 우울장애의 특징

우울장애는 모든 일상에서 의욕이 감퇴되는 특징을 지닌다. 즉 매사에 흥미가 없고 일을 미루거나 자꾸 나태해지는 경향이 나타나게 되는 것이다.

가벼운 증상은 일정한 시간이 지나게 되면 저절로 개선되는 경우도 있지만 정도가 심해지면 매우 위험한 상황이 발생할 수도 있다. 우울증이 심한 경우에는 죽고 사는 것에 대한 개념이 희박해지기 때문이다. 자살하는 사람의 대부분이 우울증을 갖고 있다는 사실이 이를 증명한다.

자살 충동은 깊은 좌절이나 절망감 그리고 사랑하는 사람의 죽음으로 인한 상실감이 주요 원인으로 작용한다. 그래서 주위에 그런 상황에 직면한 사람이 있다면 각별한 관심과 배려로 보살피는 것이 필요하고 심한 경우에는 적극적으로 치료를 받을 수 있도록 돕는 것이 바람직하다.

실제로 상담 현장에서는 우울증과 무기력증으로 인해 자살을 몇 번씩 시도한 내담자들을 자주 만난다. 그들은 취업이 되지 않아서 가족이나 가까운 사람들로부터 무시를 당했거나 사업이 실패해서 빚더미에 올라앉게 되었거나 학교 친구나 직장 동료들에게 왕따를 당한 경험을 가진 경우가 상당히 많은 부분을 차지한다. 그래서 좌절감과 패배감에 몸부림치다가 자살을 시도한 공통점이 있다. 딱히 자살 시도를 하지 않았다 하더라도 오랫동안 취업 준비를 하는 공시생이나 교사 임용 시험 준비생들 중에는 심신이 지쳐 거의 폐인이 되다시피 한 경우도 드물지 않다. 또한 학교에 가지 않고 온종일 PC방에 틀어박혀 게임만 하는 청소년들이나 의욕을 상실한 채 아무 일도 하지 않고 집안에만 갇혀 사는 사람도 꽤 많이 있다.

무기력증을 가진 사람들의 내면진술문장은 이렇다.
"나는 여태까지 뭐든 잘한 적이 없다. 잘하지 못할 바에는 안 하는 게 낫다. 만사가 귀찮아."

대개 무기력증을 가진 사람들은 의존적이고 책임지기를 싫어하는 회피적인 방어기제를 갖고 있다. 아울러 현실도피적인 방편으로 비현실적인 이상세계를 동경하거나 망상에 사로잡히기도 한다.
우울장애는 정서적인 무게 중심이 아래로 가라앉는 것이 근본적인 원인이자 특징이다.

🍃 감정 기복의 심화 _ 불안장애의 특징

불안장애를 가진 사람들의 특징은 정서적으로 매우 불안정하고 감정 조절이 어렵다는 점이다. 그들은 작은 일에도 쉽게 흥분하고 화를 내기도 한다. 기분이 좋다가도 갑자기 우울해지는 조울 증세를 보이는 경우도 흔하다.

사실 모든 심리장애는 감정의 문제이다. 인간은 감정의 동물이므로 삶이 힘든 것은 자신의 감정이 상하고 병들어있기 때문이다. 그래서 '심리장애'는 '감정장애'라고 해도 과언이 아니다. 그 중에서도 불안장애는 생명이나 안전에 위협을 받는 상황에 순간적 또는 만성적으로 노출되어 있을 때와 그 후에 나타나는 증상으로, 집중이 어렵고 산만하며 매사에 예민한 반응을 보이는 경향이 짙다.

불안장애를 가진 사람들의 내면진술문장은 이렇다.
"아무도 나를 지켜주지 않아. 내가 방심하는 순간 무서운 일이 생길 거야. 그래서 긴장을 풀어서는 안 돼…."

대개 불안증을 가진 사람들은 자아가 경직되어 있고 지나치게 예민한 성향을 갖고 있다. 그래서 긴장을 해소하기 위한 방편으로 각종 중독(알코올, 도박, 게임 등)에 빠질 가능성이 크다. 또한 감정 조절이 힘들수록 사회적인 문제를 일으킬 가능성도 커진다. 예컨대 막가파식의 '묻지

마 범죄'를 저지른다든가 자기연민에 빠져서 모든 사람들에게 끝없이 애정을 갈구하는 '애정행각'을 일삼는 등의 경우를 보이기도 하는 것이다. 그래서 감정 기복이 심한 경우에는 자해를 한다든가 타인에게 피해를 입히는 경우가 발생할 수도 있으므로 가능한 한 빨리 전문적인 도움을 받는 것이 필요하다.

최근에는 분노조절장애로 심리상담을 신청하는 내담자들이 부쩍 늘어나고 있다. 분노조절장애의 의학적 명칭은 '간헐적 폭발성 장애'다. 분노조절장애는 자신의 억눌린 감정이 시시때때로 분출하는 특징을 지닌다. 흔히 말하는 '욱하는 성격'과 거의 비슷한 증상이라 할 수 있다. 그런 사람들을 향해 자제력이 부족하다고 하기도 하지만 심리적으로는 오히려 너무 자제를 많이 해서 생기는 '마음의 병'으로 간주한다. 즉 영유아기 시절을 포함한 성장 과정에서 자신의 불만이나 억울함을 제대로 표현하지 못하고 억누를 수밖에 없는 상황에 오랫동안 노출되어 있었기 때문에 분노의 감정이 팽창해있는 상태에서 어느 순간 폭발적으로 나타나는 것이다.

분노조절장애의 밑바탕에는 열등감이 깔려 있다. 열등감은 자신이 남들보다 못난 존재이고 사랑받을 자격이 없다는 신념으로 인해 나타나는데, 열등감을 가진 사람은 대개 부정적인 자아상을 갖고 있으며 남들과 비교당한 경험이 주요 원인으로 작용한다.

트라우마 치유와
자기계발을 위한 심리멘토링

미국의 심리학자인 맥스웰 말츠(Maxwell Maltz)는 세계 인구의 95% 정도가 열등감을 느끼고 있다고 추정했다. 또한 아들러(Alfred Adler)는 "모든 인간에게는 보편적으로 열등감이 존재하며 그 열등감을 보상하려는 수단으로 〈권력에 대한 의지〉를 갖게 된다."고 주장했는데, 이러한 맥락에서 본다면 열등감은 누구나 가지고 있으며 정도의 차이가 있을 뿐 특정한 사람들에게 국한된 증상이 아님을 알 수 있다.

열등감을 가진 사람들의 내면진술문장은 이렇다.
"나는 존중받지 못했고 무시당했다. 나는 합당한 대우를 받지 못했다. 그래서 자존심이 상한다."

열등감을 가진 사람은 모든 사람을 경쟁상대로 여긴다. 그래서 남들보다 돋보이기 위해 과장된 말이나 행동을 하게 되고 남들을 깎아내리거나 공격적으로 비난을 일삼기도 한다.
그런 반면에 자신의 약점은 꽁꽁 숨긴다. 열등감이 심할수록 자신의 치부나 약점을 감추려는 경향이 강하게 나타난다. 그리고 자신에게 조금이라도 불리한 상황에 직면하는 것을 회피하려는 특징을 보인다.

그 외에 특별한 이유 없이 극단적인 불안 증상이 나타나는 공황장애, 부정적이고 비현실적인 생각과 상상이 계속 떠오르는 피해망상증, 특정한 생각이나 행동을 반복하는 양상을 보이는 강박증 등도 정서적 불안정으로 인해 발생하는 불안장애에 속한다.

🖋 사회부적응증 강화 _ 대인관계 악화

대부분의 심리증상은 사람들에게 받은 상처로 인해 생긴다. 그래서 그들은 사람들과의 관계에 불편함을 느낀다. 증세가 심하면 정상적인 사회생활이 어려울 수도 있다.

대인기피증은 현대인들이 가장 많이 겪고 있는 신경증의 일종이다. 언론에서도 종종 보도되듯이, 직장인들이 가장 스트레스를 많이 받는 부분이 '대인관계'라고 할 정도로 흔한 증상이기도 하다. 그래서 대인기피증은 발표공포증, 시선공포증과 함께 사회공포증으로 분류된다.

사회공포증의 원인으로는, 실제로 자신이 누군가에게 직접적인 피해를 입은 경험을 꼽을 수 있다. 대표적으로 '왕따'가 그런 경우에 속한다. 우리 속담에 "자라보고 놀란 가슴 솥뚜껑 보고 놀란다."는 말이 있는데 그런 피해를 입게 되면 또 다시 다른 피해를 입을까봐 미리 걱정을 하게 된다. 그래서 사람을 대할 때 늘 긴장을 하게 되고 사람들이 두려워서 피하려는 경향을 보이는 것이다.

사회공포증의 또 다른 원인으로는, 영유아기 때의 부모와의 관계, 가정환경 등과 연결되어 있는 경우를 꼽을 수 있다. 인간이 태어나서 처음 맞이하는 대인관계가 부모와의 관계이다. 그리고 부모와의 관계는 다른 대인관계의 모델이 된다. 그런 측면에서, 영유아기 무렵에 부모가 자녀를 학대했다든가 자녀의 본능적인 욕구를 좌절시켰다든가 하는 경우에 그 자녀는 사람을 대하는데 두려움을 갖게 된다. 그리고 그것이 점점 자라면서 사회공포증으로 발전하게 되는 것이다. 가족 간의 질투나 시기, 증오와 같은 파괴적인 감정도 그런 증상을 악화시키는 요인으로 작용하는데 그러한 파괴적인 감정을 제대로 다루지 못하면 자괴

감과 죄책감을 불러일으키며 2차적인 증상이 또다시 발생할 수 있다.

사회공포증뿐만 아니라 피해망상증, 강박증 등도 정상적인 사회생활을 어렵게 만드는 주요 증상이다.

피해망상증은 망상장애의 일종으로 부정적이고 비현실적인 생각과 상상이 계속 떠오르는 것이 특징이다. 예를 들면, 누군가가 자신을 감시하고 있다든가 자신의 물건을 잃어버린다든가 도둑이나 강도를 만나서 자신의 소중한 것을 빼앗긴다든가 하는 생각이 반복적으로 든다면 피해망상증을 의심해 볼 필요가 있다.

또한 강박증은 모든 사물과 대상에 대해 병적으로 공포를 느끼는 심리장애라고 할 수 있다. 그래서 자신의 의지와 상관없이 특정한 생각이나 행동을 반복하는 양상을 보이는 것이 특징이다. 강박 증상을 보이는 사람들은 특정한 생각과 행동이 불합리하고 잘못된 것이라는 걸 알고 있지만, 그것을 반복하지 않으면 견딜 수 없는 불안함 때문에 멈추기가 힘든 것이다. 자신이 피해를 받기 전에 방어를 해야 한다는 관념이 강하게 작용하는 것도 같은 맥락이다.

강박증은 손을 자주 씻는다든가 늘 마스크를 쓰고 다닌다든가 하는 결벽증을 동반하는 경우가 대부분이다. 순서나 특정 숫자 등 비합리적으로 설정된 위험 요인에 민감하게 반응하고 확인, 의심을 자주하는 양상을 보이는 것도 강박증의 특징이라 할 수 있다.

강박증은 완벽주의와 연결되어 있어서 자아가 지나치게 경직되어 있고 엄격하며 융통성이 거의 나타나지 않는 증상이다. 그로 인해 긴장 상태에서 벗어나지 못하고 자신의 행동에 제한을 받게 될 뿐만 아니라 대인관계와 사회적인 활동을 하는 데 상당한 어려움을 겪는 경우가 흔하다. 강박증은 불안이 고착화된 상태에서 나타나는 증상이고 뿌리가 워낙 깊기 때문에 심리증상 중에서도 치료가 어려운 난치병으로 분류된다.

대체로 망상장애와 강박증을 가진 사람들은 지능이 높고 상상력이 풍부하다. 또한 현실주의자보다는 이상주의자가 많은 것도 이런 사람들의 특징이기도 하다. 그런데 문제는 그런 장점들이 부정적으로 발전했다는 데 있다. 그래서 그런 부정적인 요인들을 잘 해결하고 자신들의 재능과 잠재된 능력을 긍정적으로 계발하게 되면 엄청난 자산이 될 수 있다. 이런 성향의 사람들이 예술이나 창작과 같은 창의적인 분야에서 활동할 계기를 마련하고 동기가 부여된다면 탁월한 능력을 발휘할 수 있다는 것이다.

〈본능적인 3가지 두려움〉

1. 버림받는 것에 대한 두려움 : 부모가 어릴 적에 이혼했거나, 누군가에게 배척당한 경험이 있다면 버림받는 것에 대한 두려움이 생기게 된다.

2. 거절당하는 것에 대한 두려움 : 어릴 적에 부모나 가까운 사람들로부터 거절당하거나, 무시당한 사람은 거절당하는 것에 대한 두려움이 생기게 된다.

3. 잊혀지는 것에 대한 두려움 : 사랑하는 사람의 갑작스러운 죽음을 맞이하게 되면 자기 자신도 그렇게 될 수 있고 또 가족과 주변 사람들에게 잊혀지게 될까 봐 두려움을 갖게 된다.

사람은 누구나 본능적인 3가지 두려움을 가지고 있다. 그것은 버림받는 것에 대한 두려움, 거절당하는 것에 대한 두려움, 잊혀지는 것에 대한 두려움인데 대인기피증과 발표공포증, 시선공포증 등 이른바 사회공포증은 바로 이런 본능적인 두려움과 밀접한 관련이 있는 증상이다. 부모가 자신을 버렸거나 누군가에게 배척당하게 되면 자신이 버림받았다는 생각이 들게 된다. 그리고 자신이 누군가에게 어렵게 부탁을 했는데 상대방이 냉정하게 거절하는 경우에도 마찬가지의 결과가 나타난다. 그런 경험을 몇 번 하다 보면 사람들에 대한 혐오감과 배신감, 환멸을 동시에 느끼게 되고 그 후로는 사람을 대하기가 싫어지면서 사람들로부터 멀어지려는 경향을 띠게 된다. 더 이상 자존심을 다치고 싶지 않기 때문이다. 그래서 다른 사람들을 믿지 못하고 공격적이거나 적대시하는 경향을 보이기도 하는데, 이러한 경향으로 인해 정상적인 사회생활이 어렵게 되는 경우가 허다하다. 또한 사랑하는 사람의 갑작스러운 죽음을 맞이하게 되면 자기 자신도 그렇게 될 수 있고 또 그렇게 되면 가족과 주변 사람들에게 잊혀지게 될까 봐 두려움을 갖게 된다.

"나처럼 증상이 심한 경우에도
치유가 되나요?"

트라우마 치유 과정

각종 트라우마를 치유받기 위해 심리상담센터를 찾는 내담자가 점점 늘어나고 있다. 사회가 복잡해지면서 사건, 사고와 스트레스가 증가하기 때문이기도 하지만 심리상담에 대한 긍정적인 인식이 빠르게 확산되는 시대적인 추세가 배경으로 작용해서 나타나는 현상이기도 하다.

심리상담을 받으려면 먼저 초기상담을 통해 문제를 진단하는 과정을 거치게 된다. 초기상담은 면담을 하고 심리검사를 하는 순서로 진행되는 것이 일반적이다. 그것과 더불어 최근에는 '뉴로피드백' 기법을 활용하여 뇌기능 분석을 하는 경우도 흔하게 볼 수 있는 장면이다.

초기상담

앞서 말한대로, 트라우마를 치유하기 위해서는 진단부터 정확하게 해야 한다. 첫 단추를 잘 꿰어야 하듯이. 진단을 잘못하게 되면 트라우마를 치유하기는 커녕 상처가 더 커질 수도 있다. 또한 진단을 조금만 잘못해도 상담목표 설정이나 상담 방향이 완전히 엉뚱하게 진행될 수 있기 때문에 진단의 중요성은 아무리 강조해도 지나치지 않다.

🍃 면담

초기상담은 우선 면담을 통해 내담자의 증상을 파악하는 데 중점을 둔다. 그래서 상담자가 증상의 정도, 발생 시기, 현재의 상황 등을 질문하고 내담자의 대답을 듣는 과정으로 진행된다. 상담자는 내담자의 상태를 제대로 알아야 하기 때문이다.

초기상담을 할 때 내가 반드시 물어보는 몇 가지가 있다.

첫째는 부모님이 어떤 분인가 하는 것이다.

부모님의 생존 여부와 상관없이, 아버지와 어머니의 성격이 어떤지 부모님의 부부 사이는 어떤지와 가족구성원 간의 관계 그리고 성향 등을 물어본다. 또한 부모님을 대하기가 편한지 불편한지도 물어보고 가정 분위기도 물어보는데 현재와 과거의 상태를 구분하고 특히 어린 시절에 중점을 둔다.

둘째는 가장 의지가 되는 사람이 누구인가 하는 것이다.

그것은 부모나 가족, 친지 등일 수도 있고 친구나 선후배가 될 수도 있다. 아니면 의지가 되는 사람이 없다는 대답도 있을 수 있고 또 흔하게 듣기도 한다.

셋째는 지금까지 살아온 과정이 어땠는가 하는 것이다.

유치원 시기와 초, 중, 고, 대학 시절까지 친구 관계나 성적, 경제적

여건 등을 물어보고 가장 행복했던 시기와 가장 힘들었던 시기 그리고 그 이유에 대해 물어본다.

지금 하는 일이 자신과 잘 맞는지 배우자가 있다면 부부 사이는 어떤지 자녀와의 관계는 어떤지를 물어보는데 이 경우에는 현재의 삶의 만족도에 중점을 둔다.

내가 다른 질문과 함께 꼭 빠뜨리지 않고 이런 질문을 하는 이유는, 상담의 기본적인 자료를 확보하고 치료의 방향을 결정하기 위해서이다. 또한 내담자의 과거와 현재의 환경이 안정적인지 불안정한지를 알아보기 위함이기도 하다. 이른바 '환경 프레임'에 어떤 균열이 있는지를 파악하는 것이 문제를 진단하는 초기상담에서 중요한 대목이기 때문이다.

30대 초반의 A씨는 분노조절장애를 호소하며 자신의 어머니와 함께 상담실을 찾아왔다.

A씨_ 저는 어릴 때 아버지에게 많이 맞았어요. 주먹으로 때리고 발로 차기도 하고 심지어는 목을 졸라 죽이려고까지 한 적도 있었어요.

김지우_ 아버지가 왜 그렇게 아들을 때렸을까요?

A씨의 어머니_ 성격이 더러워요. 자기 마음에 조금이라도 안 들면 욕부터 나오고요. 물건을 때려 부수고 사람을 개 패듯 패는 몹쓸 인간이에요.

옆에 있던 어머니가 거든다.

김지우_ 남편분과 사이가 좋지 않았나요?

A씨의 어머니_ 남편은 무슨… . 원수에요. 철천지원수… . 저도 무지하게 맞았어요. 갈비뼈가 부러진 적도 있고 술병에 찔려 피를 흘리며 응급실에 간 적도 여러 번 있었죠.

김지우_ 많이 힘들었겠군요. 요즘도 그런가요?

A씨의 어머니_ 아뇨. 요즘은 나이가 들어서인지 철이 들어서 그런지 몰라도 아주 순해졌어요. 근데 요즘은 이 아들놈이 저그 애비처럼 툭하면 욕하고 물건을 부수고… 자주 성질을 부려요. 이것도 유전인가요?

김지우_ 유전은 아니지만, 분노로 인해 상처받은 것이 또 다른 분노를 불러일으키는 악순환이 가족 간에서 발생하는 현상으로 이해하시면 됩니다. 자, 우선 본격적인 상담을 시작하기 전에 아드님의 심리검사를 해보도록 하겠습니다.

A씨는 어린 시절 아버지에게 학대를 당한 것이 분노조절장애로 발전한 경우에 속한다. 그 아버지 역시 분노조절장애를 가진 상태였기 때문에 화가 치밀어 오를 때마다 자기 아내와 아들을 때렸다. 때로는 화나는 이유가 다른 데 있어도 그들에게 화풀이를 했을 수도 있다. 그의 아내와 아들은 물리적으로 힘이 약한 약자였고 성격도 유약해서 대항할 수 없었다. 그래서 그가 때릴 때마다 도망치거나 무방비 상태로 맞아야 했다. 그럴 때 그의 아내와 아들이 느꼈을 심정은 어떠했을까? 아마 두려움과 분노에 치를 떨었을 것이다.

A씨는 정확한 진단을 위해 심리검사를 받기로 했다.

🍃 심리검사 _ 자의적인 해석, 오류의 가능성

내담자의 증상을 보다 정확하게 진단하기 위해 필요한 심리·적성검사를 실시하는 것도 초기상담의 한 과정에 속한다. 심리·적성검사를 위한 도구는 상당히 다양하다. 그 종류를 간략히 살펴보면,

- 적성종합검사: 특수한 능력, 적성을 종합적으로 측정하는 검사
- 자아개념검사: 자기 자신을 어떻게 바라보고 있는지를 알아보는 검사
- 일반지능검사: 일반적인 지능 또는 정신적인 능력을 측정하는 검사
- 인성검사: 사람마다 제각기 다르게 갖고 있는 성격을 파악하는 검사
- 성격진단검사: 성격의 특징 또는 성격 유형을 진단하기 위한 검사
- 욕구진단검사: 심리적 욕구의 종류와 강도를 측정하고 분석하는 검사
- 흥미검사 : 개인이 갖고 있는 흥미의 분야와 정도를 밝혀내는 검사

트라우마 치유와
자기계발을 위한 심리멘토링

- MMPI(다면적 인성검사) : 성격, 정서, 적응 수준 등을 다차원적으로 평가하기 위한 검사
- MBTI(성격 유형 검사) : 선천적 선호성을 평가하여 성격 유형을 밝혀내는 검사

등이 있으며, 이외에도 다양한 검사 도구들이 존재하고 실제로 널리 사용되고 있다.

심리·적성 검사는 내담자의 능력, 성격, 흥미, 태도 등과 같은 심리적 구성 개념을 수량화하기 위해서 표준화된 측정 도구를 가리키는데 심리·적성 검사를 통해 현재의 심리 상태와 자신이 가진 심리적 문제의 심각성을 객관적으로 평가할 수 있다. 또한 심리·적성 검사는 청소년들의 적성과 재능을 알고 진로를 탐색하는 방법으로도 자주 활용된다.

하지만 심리검사에 대해서는 많은 논란이 있는 것도 사실이다. 검사자의 자의적인 해석이 개입할 여지가 있기 때문이다. 자칫하면 오류가 발생할 수 있는 것이다. 각 증상에 따라 어떤 검사를 해야 한다고 알려진 것들이 있지만 과연 그런 공식대로만 검사를 진행하는 것이 옳은지에 대한 의문이 여기저기서 제기되고 있기도 하다.

그러나 그럼에도 대부분의 심리검사 도구들은 오랜 기간에 걸쳐 연구와 검증을 통해 오류와 자의적 해석이 최소화되도록 발전을 거듭해왔다. 그래서 심리치료에 앞서 진단을 위한 도구로써의 심리검사는 반드시 필요하다는 것이 전문가들의 공통된 의견이다. 다만 내담자의 증

상에 따라 어떤 검사를 선택하고 활용할 것인가에 대해서는 상당한 주의가 요구된다.

    A씨의 심리검사 결과는 예상대로 자존감이 매우 낮고, 반사회성은 높았으며, 정서적으로 몹시 불안정하게 나타났다. 이런 상태로는 정상적인 사회 활동이 거의 힘들다. 무엇보다 대인관계에서 자주 문제가 발생할 소지가 다분하다. 감정 조절이 제대로 되지 않기 때문에 조금만 거슬리면 화를 내고 심하면 대형 사고로 이어질 수도 있다. A씨가 현재 할 수 있는 것이라고는 아버지에 대한 원망과 신세 한탄 그리고 반복적으로 죽고 싶다는 생각을 하는 것뿐이다.

    A씨의 어머니도 심각하다. 화병과 우울증이 심하고 삶에 대한 의욕이 거의 바닥상태다. 이대로라면 날이 갈수록 증세가 더 심해지고 절망감에 사로잡혀 평생 동안 무기력하게 살아갈 가능성이 매우 크다.

    A씨와 그의 어머니는 심리상담을 받기로 했다. 그나마 다행이다. 지금부터라도 심리상담을 통해 마음의 상처를 치유하고 삶에 대한 동기 부여와 합리적인 목표를 설정해서 미래를 새롭게 준비하는 것이 최선이기 때문이다.

🍃 상담목표 설정

　내담자와의 면담과 심리·적성검사를 통해 문제가 진단되고 나면 상담목표를 설정하는 것이 그 다음 순서이다. 상담목표는 대개 내담자의 증상을 개선시키는 데 초점을 둔다. 심리상담을 통해 내담자가 가진 증상을 개선함으로써 내담자가 고통에서 벗어날 수 있어야 하기 때문이다.

　내담자들은 여러 가지 증상을 호소한다. 화를 참기 힘들다든가 누군가가 자기를 해칠까 봐 두렵다든가 도박이나 알코올 중독이 심하다든가 항상 쫓기는 느낌이 든다든가 의욕이 없고 자꾸 무기력해진다든가 죽고 싶은 생각이 든다든가 하는 문제들로 들어보면 절박하기 이를 데 없다. 진로 문제나 부부 문제도 예외가 아니다.

　정망상 씨(가명)는 피해망상증에 시달리고 있다. 누군가가 자기를 쳐다보거나 길거리에 간판만 비뚤게 걸려있어도 극도로 불안해진다. 심지어는 흉기처럼 생긴 장난감만 봐도 지나치게 긴장을 한다.

　정망상 씨_ 하루하루가 지옥 같아요. 빨리 이 증상에서 벗어나고 싶은데 고칠 수 있나요?

　죽고 싶은 생각에 자살도 여러 번 시도했다는 정망상 씨의 고통은 겪어보지 않은 사람은 짐작하기 힘들 것이다.

김지우_ 물론 고칠 수 있습니다. 세상에는 피해망상증을 가진 사람이 의외로 많이 있고요. 그 중에는 심리상담을 받는 경우도 적지 않고 상담을 받아서 증세가 호전되어 정상적인 생활을 하는 사람도 많습니다.

일단 상담자는 이렇게 말을 하고 앞으로의 상담 과정을 설명한다. 피해망상증은 심한 정신적인 충격으로 인한 외상 후 스트레스 장애에 의해 발생하거나 애정결핍증상으로 인해 무의식적인 신념체계가 왜곡되어 있어서 발생하므로 정신분석과 인지행동치료 그리고 EMDR(수평안구운동) 등을 통해 증상을 개선할 수 있다는 희망을 제시하는 것이 일반적이다.

지금까지의 심리상담은 증상을 개선하거나 없애는 데 초점이 맞춰져 왔다. 즉 강박증이나 결벽증, 피해망상증과 같은 증상을 완화하고 없애는 것이 상담의 목표였던 것이다. 하지만 이런 방식의 상담은 효율성이 매우 낮다. 내 경험에 비춰본다면, 그 증상이 치료되는 것도 어렵거니와 삶이 변화되기는 더욱 어렵기 때문이다. 그런 방식의 상담은 내담자로 하여금 평생 그 증상에 매달려서 살아가게 할 가능성이 매우 크다. 그 증상에 대한 집착이 커질 수 있기 때문이다. 그래서 심리치료를 받아서 일시적으로 증상이 호전되더라도 곧 재발하거나 치료 자체가 실패로 끝나는 경우가 자주 발생하는 것이 사실이다.

나는 상담목표를 상위목표와 하위목표로 나누어서 설정한다.

상위목표는 삶 자체가 즐거워지도록 패턴을 바꾸는 것이 핵심이다. 사람은 누구나 행복을 추구한다. 즉 삶이 행복해지는 것이 궁극적인 목표라는 것이다. 하지만 실제로 행복하게 사는 사람은 그리 많지 않다. 그리고 자신이 행복하게 살지 못하는 데는 나름대로의 이유가 있다. 경제적으로 궁핍하다든지 건강이 좋지 않다든지 가정불화가 심하다든지 등등. 그들의 말을 들어보면 충분히 이해가 된다. 그런데 결론은 삶이 행복하지 않다는 것이다.

그래서 나는 심리상담의 상위목표를 내담자의 삶이 즐거워지는 것으로 설정하고 그것이 달성되도록 상담을 진행한다. 우선은 동기부여를 통해 자신이 살아야 할 이유를 명확하게 하고 '자기탐색과정'을 통해 자신이 진실로 원하는 것이 무엇인지를 찾아낸다. 그리고 합리적인 목표를 설정하고 자신의 장점과 달란트(Talent, 재능)를 계발하는 과정을 거치면서 다시 동기부여를 하게 된다. 이런 자기계발을 통해 자신의 자아상이 긍정적으로 변화하고 자신의 목표를 반드시 이룰 수 있다는 믿음이 생성되도록 하는 데 초점을 맞추고 상담을 진행한다. 이것은 나무 주변의 토양을 좋게 바꾸는 과정이라고 할 수 있다. 즉 삶의 바탕이 합리적이고 생산적이며 긍정적인 가치를 지님으로써 나무가 뿌리를 잘 내릴 수 있는 기반을 조성하는 것이다.

하위목표는 내담자가 가진 증상을 개선하는 것이 핵심이다. 내담자가 바라는 것은 고통스러운 증상에서 벗어나는 것이다. 그래서 내담자가 가진 증상의 원인을 규명하고 상담 방향을 정한 다음 상담을 진행한다. 이 과정은 대부분의 상담자가 하는 상담 방식과 크게 다르지 않다. 다만 내 경우에는 상담의 효율성을 극대화하기 위해 보다 다양하고 전문적인 심리상담기법들을 종합적으로 활용하는 점이 특징이라고 할 수 있다. 어쨌든 이것은 나무의 뿌리를 치료하는 과정에 속한다.

내가 이렇게 상담목표를 설정하는 것은 내담자가 가진 증상만을 치유하는 게 아니라 내담자의 삶의 틀이 바뀜으로써 사는 것이 행복해져야 한다는 신념 때문이다. 내담자들의 당장의 관심은 오직 증상에만 집중되어 있다. 하지만 그것은 증상에 대한 집착이고 오히려 증상의 힘을 더 강화하는 결과로 이어져서 악순환이 되풀이될 뿐이다. 비록 심리적인 증상을 가지고 있다 하더라도 즐겁게 살 수 없는 것은 아니다. 고혈압이나 당뇨병을 가진 사람들이 반드시 불행하게 살지 않는 것과 같은 이치이다. 그들 중에는 분명히 즐겁게 사는 사람도 있음을 우리는 잘 알고 있다. 심리증상도 마찬가지다. 심리적인 증상이 있다고 해서 즐겁게 살지 못한다는 것은 숲을 보지 못하는 오류인 것이다. 내담자의 목표가 오직 강박증이나 사회공포증과 같은 증상에서 벗어나는 것이라면 오히려 평생 이 문제에 매달려서 살아갈 가능성이 커지게 된다. 하지만 그렇다고 해서 심리증상을 가볍게 여기라는 의미가 아니다. 증세가 심하다면 적극적인 치료를 받아야 한다. 그런데 거기에 매달려서 살아가다 보면 앞서 말한 것처럼 증상에 대한 집착과 증상의 위력을 키우는 결과가 반복되기 때문에 이러한 패턴이 바뀌어야 한다는 것이다. 결국 심리상담의 궁극적인 목표는 삶 자체가 건강하고 즐거워지는 것이 되어야 하기 때문이다.

나는 피해망상증을 가진 내담자에게 이렇게 말한다.
"피해망상증을 갖고 있어도 10년이나 20년 후에 대통령이 될 수도 있습니다."라고.

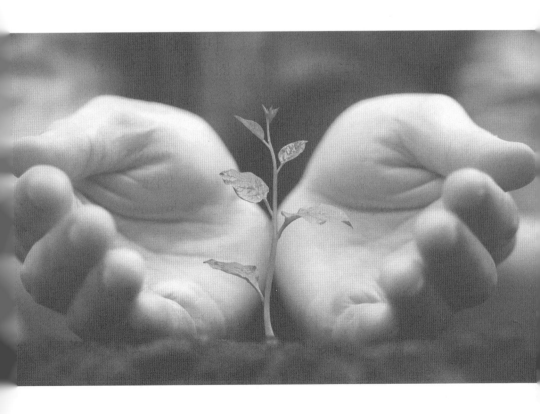

2장
—
성공적인 상담을 위한
멘토링

"심리상담을
진행하겠습니다"

상담의 성패는 라포 형성에 달려있다

심리상담은 상담자와 내담자가 대화를 통해 문제를 해결하는 과정이다. 그래서 상담자와 내담자 사이의 신뢰가 매우 중요하다. 상담자와 내담자 사이의 신뢰관계를 '라포'라고 한다. 이 라포 형성이 잘되면 상담이 순조롭게 진행되고 문제 해결도 성공적으로 이루어질 가능성이 크지만 그렇지 않다면 상담의 효율성이 낮아질 뿐만 아니라 상담 자체가 실패할 가능성도 커지게 된다.

🍃 공감

라포 형성을 위해 상담자가 갖춰야 할 가장 중요한 덕목 중에 첫째는, 공감하는 능력이다. 상담자의 공감은 내담자가 마음의 문을 열기 쉽게 만들어 주고, 상담자가 자신의 증상을 잘 이해하고 있다는 생각이 들면서 신뢰를 갖게 된다. 내담자들은 대개 '나만 이상한 사람'이라는 생각을 하고 있기 마련인데, 상담자는 내담자가 가진 증상이 특이한 것이 아니라, 보편적이고 일상적인 문제라는 사실을 인식할 수 있도록 조언과 격려를 하는 것이 중요하다.

강박증이나 결벽증을 예로 들자면,

> 상담자_ 아, 그런 문제로 힘들어하는 분들이 많이 계십니다.

> 상담자_ 저도 그런 문제로 고민한 적이 자주 있었습니다. 집을 나설 때 가스 밸브를 잠갔는지 문단속을 했는지 몇 번씩 확인해야 했었지요.

> 상담자_ 저도 하루에 최소한 10번 이상 손을 씻어야 합니다.

라고 한다면, 내담자가 편안하게 느끼면서 자기의 문제를 좀 더 구체적으로 진술할 수 있게 된다.

하지만 상담자가 내담자의 문제에 대해 공감하지 못하고 "그런 생각은 비합리적입니다." 라는 식으로 판단하고 지적하면 내담자의 마음이 닫힐 수 있고 라포가 형성되기 어렵다.

🖋 문제해결 능력

라포 형성을 위해 상담자가 갖춰야 할 가장 중요한 덕목 중에 두 번째는, 문제해결 능력이다. 상담자는 내담자의 문제를 충분히 해결할 수 있는 능력이 있어야 한다. 공감은 감성을 자극하고 문제해결 능력은 이성을 자극한다. 다시 말해 우리 할머니도 공감은 잘하시지만 내 문제를 해결하기에는 지식과 전문성이 턱없이 부족하다는 점을 내담자는 잘 알고 있다. 그렇기에 상담전문가를 찾아온 것이다.

내담자들은 자신의 문제가 도저히 해결될 수 없을 것이라는 비합리적인 신념을 가진 경우가 대부분이다. 그런 내담자들에게 상담자는 마지막으로 잡고 싶은 지푸라기와도 같은 존재라 할 수 있다. 그래서 상담자는 내담자의 증상이 왜 생겼으며 어떻게 하면 그 증상에서 벗어날 수 있는지를 충분히 납득할 수 있도록 설명할 수 있어야 한다. 그런 과정을 통해 내담자 스스로가 자신의 문제로부터 벗어날 수 있다는 가능성과 희망을 갖게 될 때 라포 형성이 잘 이루어질 수 있다.

내담자들은 결코 만만치 않다

내담자들은 끊임없이 상담자의 능력을 검증하려 든다. 이 상담자가 과연 내 문제를 잘 해결할 수 있을지 '간 보기'를 하는 내담자들이 의외로 많다. 이럴 경우에 자칫하면 상담자가 내담자에게 끌려다니는 상황이 발생할 수도 있다.

어떤 내담자는 심리적인 지식이 풍부하다. 그래서 웬만한 심리증상의 원인이나 치유 방법론을 훤히 꿰뚫고 있는 경우도 적지 않다. 이런 유형의 내담자를 상대한다는 것은 상담자 입장에서 부담스러울 수밖에 없다.

"제가 프로이드 이론에 대해서는 상담사님보다 잘 알아요. 인지행동치료에 대해서도 잘 알고요. 그러니까 쓸데없는 설명은 하지 말고 어떻게 하면 공황장애가 없어지는지만 말씀해 주세요."

내담자에게 이런 요구를 받게 되면 상담 경험이 적은 상담자는 당황하기 마련이다. 상담하다가 상담자 자신이 상처를 입는 경우도 얼마든지 발생할 수 있다. 하지만 그렇다고 해서 상담하는 도중에 자리를 박

차고 나가기도 곤란하다. 상담을 계속하자니 내담자에게 이미 자신의 미숙함이 들통났고 그냥 포기하자니 상담자로서의 자존심이 완전히 구겨지는 경우를 노련한 상담자라면 몇 번씩은 겪어 봤을 것이다.

그렇다. 실제 상담 현장에서는 심리적인 이론만으로는 해결하기 어려운 경우와 자주 만나게 된다. 특히 부부 상담의 경우에는 더욱 그렇다.

부부 내담자들은 대개 이렇게 말한다.

> 부인_ 저 사람과는 말이 안 통해요. 자기는 다 옳고 저는 다 틀리대요. 애들도 아빠하고는 말하기 싫대요. 남편만 바뀌면 우리 가정은 아무 문제가 없어요.

옆에 앉은 남편이 같잖다는 듯이 대꾸한다.

> 남편_ 누가 할 소리를… 저 아낙네는 내 말은 아예 듣지를 않아요. 내가 말만 하면 "그래 당신 잘났어. 당신이 이때까지 뭐 하나 제대로 한 게 있어? 큰소리만 칠 줄 알지." 하면서 저를 영 무시한다고요. 애들 앞에서도 막무가내로 막말을 하니… 미치겠어요.

부부는 상담실에 와서도 서로 '탓'을 한다. 상담자가 끼어들 틈도 주지 않고 계속 싸운다.

> 김지우_ 그렇군요. 두 분은 서로에게 불만이 많은 것 같네요. 그래

서 어떻게 되기를 바라세요?

나는 실례를 무릅쓰고 ② 부부싸움에 끼어든다.

부인_ 저 사람이 바뀌어야죠. 당연하지 않나요?

남편_ 아니지. 당신이 바뀌어야지. 무슨 말을 그렇게 해.

부부는 또 싸울 기세다.

김지우_ 잠깐만 진정하시고 제 말을 들어보세요. 두 분은 서로에게
문제가 많다고 하면서 상대방이 바뀌어야 한다고 주장을 하십니
다. 두 분께 묻겠습니다. 자신은 아무 문제가 없고 상대방에게만
문제가 있다고 생각하십니까? 아니면 자신도 문제가 있고 상대방
도 문제가 있다고 생각하십니까?

부인_ 아니 세상에 문제 없는 사람이 어딨나요? 저도 문제가 있지
만 저 양반은 진짜 문제가 많다니까요.

김지우_ 남편께서는 이 말씀에 동의하십니까?

남편_ 아뇨. 저 사람이 저보다 훨씬 문제가 많아요. 주위 사람들도
다 그렇게 말하는걸요.

김지우_ 자, 저는 어느 한쪽 편을 들 수가 없습니다. 그래서 "남편
이 문제가 많으니까 심리상담을 받아서 고치세요." 라고 할 수 없
습니다. 반대로 남편의 말을 들어보면 문제는 부인 쪽에 있다고

하시는데 제가 부인께 "심리상담을 받아서 고치세요." 라고 할 수도 없고요.

부인_ 그럼 어떻게 해요? 그냥 이대로 살아야 하나요?

김지우_ 지금 이 상태로는 두 분이 바뀌기 어렵습니다. 그래서 두 분은 서로가 자신에게도 문제가 있다는 것을 인정하시고 부부상담을 받는 것이 최선입니다.

부인_ 상담을 받으면 저 사람이 바뀔까요?

부인은 남편을 손가락으로 가리키며 묻는다.

김지우_ 방금 말씀드린 대로 우선은 두 분이 서로 자기 자신도 문제가 있다는 것을 인정하시는 게 반드시 필요합니다. 그리고 상대가 바뀌기를 바라기보다 내가 바뀌어야겠다는 인식의 전환과 그런 의지도 가질 필요가 있고요. 그래야 진정성을 가지고 상담을 받게 되니까요. 이런 요건이 갖춰지면 상담을 통해 아주 바람직하게 바뀔 수 있습니다.

삶의 패턴은 웬만해서 바뀌지 않는다

부인_ 그래도 바뀌지 않는다면요?

김지우_ 만약 그렇게 했는데도 자신과 상대방이 바뀌지 않는다면 상담사의 역량이 부족하다고 생각할 수 있겠지요. 하지만 상담사의 역량이 아무리 출중하다 하더라도 본인이 진실로 바뀌려는 의지가 없거나 자신보다는 상대방이 바뀌기를 기대하는 마음이 더 크다면 근본적인 변화는 나타나기 힘듭니다. 자신이 상담받는 것이 자신과 가정을 위한 것이 아니라 상대방에게 '보여주기'식이 되니까요.

부인_ 나는 바뀔 용의가 있는데 상대는 바뀔 생각이 없다면 아무 소용이 없겠네요.

김지우_ 지금 그렇게 말씀하시는 것은 자신은 바뀔 용의가 있다는 의미인가요?

부인_ 물론이죠. 저는 그동안 열심히 노력했는데 저 사람은 아예 노력을 안 하니까요.

김지우_ 그런가요? 제가 남편분께 물어보겠습니다. 부인의 말씀대로 남편분은 전혀 노력하지 않았습니까?

남편_ 아뇨. 사실 노력은 제가 더 많이 했어요. 저 사람이 싫어해서 술도 줄이고 집안일도 제가 더 많이 하려고 퇴근도 빨리하는 편인걸요.

남편은 손사래를 치면서 대답한다.

김지우_ 부부 문제뿐만 아니라 모든 내담자의 특징은 자신들이 노력을 하지 않는 게 아니라는 겁니다. 본인들 나름대로는 최선의 노력을 합니다. 두 분도 마찬가지로 지금까지 열심히 노력하셨다는 사실을 저는 잘 알고 있습니다. 어느 부부든 문제가 생기자마자 곧바로 상담을 받으러 오는 경우는 매우 드무니까요. 처음에는 부부가 함께 노력합니다. 하지만 문제는 아무리 노력을 해도 늘 같은 패턴이 반복된다는 것입니다. 예를 들면 부부 싸움을 하고 나서 좀 있으면 화해하고 또 좀 있으면 다시 싸우고 또 화해하고… 혹시 두 분은 이렇지 않으셨나요?

남편_ 그런 것 같네요.

김지우_ 네. 아마 그랬을 겁니다. 그래서 자신들이 아무리 노력해도 그런 패턴이 바뀌지 않으니까 결국 전문가의 도움이 필요하다고 판단하고 부부상담을 받는 겁니다. 사람은 웬만해서 바뀌지 않습니다. 우리의 무의식이 워낙 변화를 싫어하기 때문인데요. 자신이 의지를 가지고 노력을 해도 작심삼일로 끝나는 이유가 바로 이것입니다. 그렇기에 사람이 태어나서 죽을 때까지 근본이 변하는 경우는 매우 드물지요. 그렇다면 어떻게 해야 사람의 근본이 변화되는지 궁금하실 겁니다. 사람의 근본이 변하는 것은 왜곡된 무의식의 틀을 바로 잡음으로써 가능합니다. 그러니까 심리상담을 받아서 무의식 속에 억눌린 트라우마를 치유하고 일그러져 있는 내면의 지도를 바르게 고쳐야 근본적인 변화가 나타나는 겁니다. 이것은 부부상담에만 해당하는 것이 아니라 모든 심리상담에 적용되는 기본 원리입니다.

상담자는 내담자에게 가장 합리적인 문제해결 방법을 제시할 수 있어야 한다. 만약 상담자가 어설프거나 마땅찮게 보이면 내담자들은 언제라도 반격을 하거나 의문을 제기할 준비가 되어있기 때문이다.

58
•••

트라우마 치유와
자기계발을 위한 심리멘토링

부부 갈등이 자녀를 병들게 한다

부부 사이가 좋지 못하면 당사자들이 괴로운 것은 당연하지만 그 자녀들 역시 정신적인 피해를 받게 된다. 어쩌면 이것은 너무나 당연하게 들릴지 모른다. 지극히 상식적인 말이기 때문이다.

하지만 부부 갈등이 심한 가정의 자녀들이 얼마나 큰 피해를 받는지에 대해서는 잘 모를 수도 있다. 정신적인 문제는 겉으로 쉽게 드러나지 않기 때문에 정확한 진단이 나오기 전까지는 알기 어렵다.

부모들이 먼저 알아야 할 것은, '가정의 중심은 부부'라는 것이다. 그래서 좋은 부모가 되려면 먼저 좋은 부부가 되어야 한다. 좋은 부부가 되면 좋은 부모는 저절로 된다. 좋은 남편과 좋은 아내가 되면 좋은 부부라 할 수 있고 그런 부부의 자녀는 저절로 좋은 자녀가 된다는 것이다. 그리고 좋은 남편과 좋은 아내를 규정하는 가장 중요한 기준은 서로를 존중하는가, 아닌가이다. 쉽게 말하면, 서로 존중하는 부부가 좋은 부부라는 것이다. 존중한다는 것은 함부로 대하지 않는다는 의미이다.

서로를 존중하는 부부는 인격적으로 성숙하다는 전제가 깔려있다. 그렇다. 인격적으로 성숙한 부부는 서로를 존중할 뿐 아니라 자녀들에게도 존중하는 모습을 보인다. 어린 자녀들도 존중할 줄 아는 부모, 그 부모가 좋은 부모인 것이다.

하지만 실제 상담 현장에서는 서로 존중하는 부부를 만나기가 쉽지 않다. 오히려 서로를 무시하고 함부로 대하며 서로에게 '갑질'을 하거나 어느 한쪽의 '갑질'이 심한 경우가 월등히 많다.

"저는요. 우리 아들이 초등학교만 졸업하면 이혼할 거예요. 아직 애가 어리기 때문에 참고 살지만, 남편한테는 진절머리가 나거든요."

"제 딸이 대학생만 되면 반드시 이혼하겠다고 오래전부터 생각하고 있었어요."

내담자들에게서 자주 듣는 말이다.

얼른 듣기에 이런 말들은 자녀를 위해 자신이 희생하고 있다는 뜻으로 들린다. 그리고 어느 정도는 진심이 느껴지는 대목이기도 하다. 하지만 한 가지 분명한 것은, 앞에서 말한 대로, 좋은 부부가 못되면 좋은 부모는 절대로 못 된다는 것이다.

재차 강조하지만, 가정의 중심은 부부이다. 즉 이 말은 가정의 중심이 부모와 자녀가 아니라는 것이다. 그런데 대부분의 부모는 좋은 부부가 되기 위해 노력하기보다는 좋은 부모가 되기 위해 더 많은 노력을 한다.

할머니_ 내가 누구보고 살았는데….

김지우_ 누구보고 사셨나요?

할머니_ 자식보고 살았지. 내가 남편하고 시댁 식구들에게 그토록 수모를 당하면서도 오직 내 자식 잘되기만 바라면서 평생 호강 한 번 못 해보고 악착같이 살았지. 아이구 서러워라.

옛날 할머니들은 입버릇처럼 이런 말씀을 하셨다. 당신들의 삶은 없었고, 그 자리에 자식들이 있었다. 그리고 그렇게 사는 것이 당연하다고 여겨졌다. 당신의 친정어머니께서도 그렇게 사셨고 친정어머니의 어머니도 그렇게 사셨으니까.

김지우_ 혹시 친정어머님도 그렇게 살지 않으셨나요?

부인_ 어떻게요?

김지우_ 자식을 위해 사시지 않으셨나요?

부인_ 맞아요. 자식 보고 산다고 늘 말씀하셨어요.

김지우_ 그럼 부인께서도 친정어머님처럼 살고 싶으세요?

부인_ 아뇨. 저는 절대 그렇게 살지 않을 거예요. 하늘이 두 쪽 나도… 차라리 죽는 게 낫지.

김지우_ 네. 그렇게 살고 싶진 않으실 겁니다. 그런데 지금 부인께서 친정어머님처럼 살고 있다는 생각이 들지 않으십니까?

부인_ 아, 거의 비슷한 것 같네요. 저희 엄마도 저한테 "너네들이 결혼만 하면 나는 이혼할 거야." 라고 항상 말씀하셨어요.

김지우_ 그렇군요. 그러면 실제로 형제분들이 결혼하고 나서 친정어머님이 이혼을 하셨나요?

부인_ 못했어요. 그때부터는 저희 아버지가 많이 달라지셨거든요. 엄마한테 잘하려고 노력을 많이 하셨어요. 엄마가 화를 내면 오히려 아버지가 엄마 눈치를 보실 정도로 얌전해지시고 엄마는 억세지셨죠. 엄마는 여태까지 참고 살았는데 이제 와서 이혼하는 것은 억울하대요. 그래서 이혼은 안 하시고 아버지한테 그동안 당한 설움을 분풀이라도 실컷 하려고 하세요.

김지우_ 네. 옛날 어머니들은 자식을 위해 사셨죠. 하지만 그렇게 살면 결국 남는 것은 화병과 자식에 대한 집착밖에 없습니다. 그래서 옛날 할머니들은 자식이 조금만 잘못해도 "아이고, 내가 누구보고 살았는데…." 하시는 겁니다.

최근의 통계에 따르면 대한민국의 이혼율은 거의 30% 이상이라고 한다. 이런 현상은 여성들의 사회적 지위가 향상되고 경제적인 능력이 커졌기 때문에 굳이 과거처럼 남편과 자녀들에게 매여 살지 않아도 충분히 생활할 수 있는 여건이 조성된 것이 가장 큰 원인으로 꼽힌다. 하지만 어떤 이유에서건 부부가 이혼을 하게 되면 그 자녀들이 큰 피해를 보는 것은 분명하다. 그리고 그런 사실을 잘 알고 있기 때문에 '애정 없는 결혼 생활'을 이어가는 경우가 많은 것도 사실이다.

그렇다면 이런 패턴은 약간의 차이는 있을지언정 옛날과 크게 다르지 않음을 시사한다. 즉 부부 사이가 나빠도 자식을 위해 참고 산다는 것이다. 하지만 이것은 대단히 비합리적인 발상에 지나지 않는다. 왜냐하면 그로 인해 그 자식들이 심리적으로 병들기 때문이다. 자식을 위한다는 것이 오히려 자식을 병들게 하는 것이다. 그리고 그렇게 살다 보면 좋은 부부가 될 기회조차 사라지게 된다.

부부 사이가 좋지 않다면 우선 그것부터 해결해야 한다. 그래야 좋은 부부가 되고 가정의 중심이 바로 서기 때문이다. '자식 타령'은 그 다음에 할 일이다.

　인간이 겪는 거의 모든 심리적인 장애는 좋은 부모를 만나지 못해서
생긴다. 그렇기에 결혼을 하기 전에 '좋은 남편'과 '좋은 아내'가 될 수
있는 준비가 누구에게나 필요하다. 부부 문제는 대부분 그런 준비가
안 된 상태에서 결혼하기 때문에 발생하기 때문이다. 그래서 '좋은 남
편'과 '좋은 아내'가 될 준비가 덜 되었거나 아예 안 된 상태에서 결혼하
게 되면 당사자들도 불행해질 수 있지만, 그 자녀들에게 미치는 영향이
실로 엄청나게 크기 때문에 이 문제는 심각하게 고려해야 할 사항이다.

1부. 트라우마 치유를 위한 심리멘토링

심리상담기법을 활용한다

　초기상담에서 문제가 진단되었다면 이제는 상담목표와 방향을 정해서 본격적으로 상담을 진행할 차례다. 심리상담은 상담자가 가진 경험과 지식을 기반으로 전문적인 상담기법을 활용해서 진행하는 것이 원칙이다. 심리상담기법으로는 대표적으로 정신분석과 인지행동치료를 꼽을 수 있지만, 최근에는 상담의 효율성을 높이기 위해 최면, NLP, EFT, EMDR, 뉴로피드백, 명상테라피, 가족세우기, 호오포노포노 등 다양한 기법들을 실제 상담에서 많이 활용하고 있다.

　상담자는 각종 트라우마를 가진 내담자들을 치유하는 데 필요한 심리상담기법들을 잘 알고 있어야 한다. 하지만 실제로 그런 기법들을 상담에 활용할 수 있는 능력이 더욱 중요하다. 심리상담은 이론을 가르치는 게 아니라 내담자가 가진 심리적인 증상을 치유하는 것이 목적이기 때문이다. 그래서 유능한 상담자가 되기 위해서는 부단한 노력이 필요하다.

　심리상담에 널리 활용되는 기법들의 종류와 중요한 내용은 다음과 같다.

정신분석
– 무의식은 답을 알고 있다 –

정신분석은 오스트리아의 정신과 의사였던 프로이드(Sigmund Freud)가 창안한 심리치료 기법이며, 주요 키워드는 자유연상, 무의식, 리비도, 심리적 방어기제 등이다.

프로이드의 이론은 영유아기 때의 본능적인 욕구 즉 먹고 배설하는 것과 특히 성적인 욕구를 중요하게 다룬다. 그래서 '리비도'라든가 '오디프스 컴플렉스'라는 개념이 성립하는 것이다.

영유아기는 생물학적으로는 무능력하고 심리적으로는 의존기에 속한다. 그래서 그때는 부모가 자녀의 모든 행위를 돌보게 되며 그 역할은 주 양육자인 엄마가 거의 하게 된다. 그리고 그 시기에 엄마가 적절하게 자녀의 욕구를 충족시켜줬는지 그렇지 않은지에 따라서 자녀의 심리적 상태가 달라진다. 아울러 그 시기에 충족되지 못하고 왜곡된 욕구로 인해 평생 신경증에 시달리게 된다는 것이 프로이드 이론의 핵심이다.

프로이드는 사람의 내면을 이드, 에고, 슈퍼에고의 개념을 통해 설명하고 있다. 이드(id, 원초아)는 본능적 욕구이고, 에고(ego, 자아)는 의식의 중심에 자리 잡고 있는 현실적인 자아이며, 슈퍼에고(superego, 초자아)는 양심, 도덕성을 관장하는 더 높은 차원의 자아이다. 이것은 에고를 중심으로 이드와 슈퍼에고 중에 어느 쪽으로 치우쳐 있는가에 따라 그 사람의 성숙과 미성숙을 가늠하는 기준으로 작용한다는 점에서 중요한 의미를 지닌다.

어린 시절의 탐색과 심리방어기제 파악

실제 상담에서 정신분석은 내담자의 영유아기 시절의 부모와의 관계를 탐색하는 데 주로 활용된다. 열등감, 강박증, 무기력증, 사회 공포증 등 각종 신경증의 근본 원인이 그 시기에 왜곡된 부모와의 관계에서 비롯된 경우가 대부분이기 때문이다.

태어나던 순간을 기억하는 사람은 없다. 그러나 우리의 무의식 속에는 태어나서부터 지금까지 살아온 모든 기억이 고스란히 저장되어 있다. 최면을 통해 몸과 마음이 깊이 이완된 상태에서는 아주 어릴 때 심지어는 첫 돌 이전의 기억도 떠올릴 수 있다는 사실이 이를 증명한다. 그런데 어떤 기억은 너무 끔찍해서 의식적인 수준으로 떠올리기 힘들게 억압되어 있는 경우도 적지 않다. 우리의 무의식은 자아를 보호하기 위한 장치를 갖고 있다. 이를 '심리적 방어기제'라고 하는데 부정, 회피, 억압, 합리화, 퇴행, 투사, 승화 등이 이에 속한다.

상담자는 정신분석을 통해 내담자의 어린 시절에 대한 탐색은 물론 내담자가 어떤 방어기제를 가지고 있는지를 파악하는 것이 상담에 큰 도움이 된다. 정신분석은 모든 심리증상에 두루 활용되지만, 특히 정서적인 불안정의 근본적인 원인을 찾고 치료하는데 탁월한 효과가 있다.

인류 역사상 프로이드만큼 주목받는 인물도 드물다. 그 이유는 프로이드가 '꿈의 분석'이란 책에서 무의식에 대한 개념을 정립했기 때문이다. 프로이드가 무의식이란 용어를 사용하기 전에도 인간은 무의식을 갖고 있었지만, 그것을 설명하기에는 너무 모호한 영역이었다. 그런데 프로이드가 무의식에 대해 '기억과 잠재능력의 저장고'라는 정의를 내림으로써 인류는 무의식에 대한 인식이 완전히 달라지는 계기를 맞이하게 된 것이다. 이는 실로 코페르니쿠스적인 발상의 전환이라 할 수 있을 만큼 충격적인 사건②에 속한다. 무의식에 대한 인식의 확대로 인해 인류는 엄청난 변화를 겪게 되었는데, 철학, 심리학, 과학을 비롯한 각종 학문은 물론 생활의 모든 영역에 이르기까지 막대한 파급력을 갖게 되었으며 무의식 속에 억압된 트라우마를 효과적으로 치유하는 방법이 본격적으로 개발되었을 뿐만 아니라 무의식에 잠재된 능력을 계발하는 단계로까지 발전하게 된 것이 주지의 사실이다. 이는 인류의 정신사적으로, 프로이드 이전과 이후로 시대 구분이 될 만큼 중요한 전기가 된 사실이기도 하다.

프로이드 이론이 지나치게 생물학적이고 기계론적이라는 비판도 있긴 하지만 오늘날의 심리학이 프로이드 이론에 근간을 두고 있다는 사실은 부정할 수 없으며 정신분석은 심리상담에 있어서 가장 기본적이면서도 중요한 기법으로써의 위치를 확고하게 차지하고 있다는 사실은 분명하다.

나는 심리증상 중에서도 가장 치료가 어렵다는 강박증에 대해 이런 견해를 갖고 있다. 강박증은 자신이 원하지 않는 생각이나 행동을 반복적으로 하는 증상이다. 사람은 누구나 약간씩은 강박적인 증상을 갖고 있지만, 정도가 심하면 아예 사회생활이 어려워질 수도 있다. 실제로 심리치료를 받아야 할 정도로 심한 강박증 환자(?)들이 꽤 많은 것이 여러 조사를 통해 밝혀진 사실이기도 하다.

강박증의 특징은 찜찜한 상태를 참지 못하는 것이다. 그것은 강박증상이 완벽주의적인 성향과 연결되어 있다는 반증이다. 그래서 심리학자들은 강박증과 결벽증 그리고 완벽주의가 같은 카테고리에 속해 있는 형제(?)라는 주장을 펼치기도 한다.

나는 이런 점들이 영유아기 그 중에서도 항문기와 관련이 깊다고 생각한다. 어린아이는 자신의 배설물을 스스로 처리하지 못한다. 그래서 주 양육자가 그 역할을 담당하게 되는데 만약 주 양육자가 그 역할을 제대로 하지 않는다면 어린아이는 찜찜한 상태를 견뎌야 한다. 그리고 그런 상황이 반복되면 어린아이는 찜찜한 상태에 대해 두려움을 갖게 되고 그 다음부터는 조금만 찜찜해도 조건반사적으로 두려움을 느끼게 된다.

강박증의 생성 원인이 영유아기 시절에 부모로부터 적절한 사랑과 보살핌을 받지 못했거나 심각한 외상 후 스트레스 장애라는 것은 이미 잘 알려진 사실이다. 하지만 영유아기 시절의 어떤 점이 강박증의 원인인지에 대해서는 아직까지 구체적이고 명확하게 밝혀진 자료가 거의 없는 실정이다.

나는 강박증이 찜찜한 것을 참지 못하는 특성을 바탕으로 영유아기 시절 그 중에서도 항문기가 그러한 특성과 관련이 있다는 단서를 발견했고, 그것이 강박증의 직접적인 원인이라는 가설을 정립했다. 물론 이런 가설은 내 자신의 추론에 지나지 않는다. 그래서 이 문제는 좀 더 객관적인 검증을 거쳐야 하며 임상적으로도 실험이 필요한 과제를 안고 있다. 그러나 그럼에도 불구하고 강박증에 대한 명확한 원인이 아직까지 규명되지 않은 현실에서 나의 추론에 불과한 가설일지라도 한 번쯤 심층적인 연구가 진행되었으면 좋겠다는 개인적인 견해를 갖고 있다. 그리하여 강박증을 치료하는 획기적인 방법이 개발되어 강박증으로 고통받는 많은 사람들에게 치료의 지평이 넓혀지기를 기대한다.

» 정신분석은 모든 심리증상에 두루 활용되는 기법이다.
» 내담자의 어린 시절에 대한 탐색 - 부모와의 관계, 가족의 성향, 가정 분위기 등
» 내담자가 가지고 있는 심리적 방어기제와 증상과의 연관성 검토.
» 내담자의 성숙도 파악.

02

···

애착이론

영국의 정신분석가이자 정신과 의사인 존 볼비(John Bowlby)에 의해 정립된 애착이론은 영아와 주 양육자와의 관계를 중요시하며, 주요 키워드는 안전기지 역할, 애착과 분리 등이다.

존 볼비는 '표상'이라는 용어를 처음 사용한 자아 심리학자인 에디스 야콥슨(Edith Jacobson), 인생 8단계 발달론을 제시한 에릭 에릭슨(Erik Erikson)과 오스트리아의 동물학자인 콘라드 로렌츠(Konrad Lorenz) 등의 연구에 힘입어 애착이론을 정립했다. 존 볼비는 영아시절에 주 양육자인 엄마가 안전기지 역할을 잘했는지 아닌지에 따라 인간의 심리적인 안정 상태가 좌우된다고 주장했다.

프로이드의 정신분석 이론이 영유아기 시절의 본능적인 욕구 중심적인 데 비해 애착이론은 영아기 시절의 주 양육자인 엄마와의 관계의 질적인 면을 중요하게 다룬다는 점에서 다소 차이가 있다. 다시 말하자면, 정신분석학은 심리적 의존기인 영유아 시절의 충족되지 않은 욕구로 인해 본능적 두려움을 갖게 되고 이것이 불안의 근본적인 원인이라고 보는 것이고, 애착이론은 영아 시절에 엄마가 안전기지 역할을 제대로 담당해서 자녀가 안정적으로 느낄 수 있는 상태가 아니었다면 이것이 근본적인 심리의 병리적 발달의 원인이라는 것이다.

애착이론이 실제 상담에서 대표적으로 적용되는 사례로는 '분리불안장애'를 꼽을 수 있다.

〈분리불안장애〉
유아원이나 유치원에 다녀야 할 시기에 아이가 엄마와 떨어지기 싫어서 심하게 울며 떼쓰는 경우를 종종 볼 수 있다. 이런 현상은 심리적으로 주 양육자인 엄마와 자녀와의 관계에서 안정적인 애착 형성이 되지 않기 때문이라고 간주한다. 또한 청소년들에게서 나타나는 학교공포증과 성인들이 연인이나 배우자에게 지나치게 집착하는 것도 넓은 의미에서 분리불안장애에 속한다고 할 수 있다.

애착 이론은 기존의 영아의 양육 방식에 큰 변화를 불러일으켰으며, 현재 널리 활용되고 있는 껴안아주기 요법이나 놀이치료 등 아동상담 기법들의 개발과 발전에 직접적인 영향을 끼쳤다는 점에서 중요한 의미를 지닌다.

» 애착이론은 대인관계 상담에 널리 활용되는 기법이다.
» 내담자의 어린 시절에 대한 탐색 - 주 양육자와의 질적인 관계 중심.
» 내담자와 부모 그리고 가까운 사람들과의 애착 형성과 증상과의 연관성 검토.

인지행동치료
– 왜곡된 신념과 행동을 바로 잡는다 –

  인지행동치료는 인지치료와 행동치료의 합성어이며, 주요 키워드는 이해와 수용, 인지도식, 메타프레임, 탈감각, 점진적 이완법 등이다.

  인지행동치료는 내담자가 가진 비합리적인 신념과 행동을 합리적으로 바꾸는 기법으로써 현재 심리상담에서 가장 많이 활용되고 있는 치료법이다.

  사람은 누구나 내면의 지도를 갖고 있다. 그리고 그 내면의 지도를 통해 생각과 행동을 하게 된다. 그런데 그 내면의 지도가 완벽한 사람은 거의 없다. 세상을 살면서 크고 작은 상처를 받을 때마다 내면의 지도가 일그러지기 때문이다. 인지치료는 왜곡된 내면의 지도를 바르게 고치는 기법이라 할 수 있다.

인간은 사회적 동물이다

  사람은 태어나면서부터 다른 사람들과의 관계가 시작된다. 구체적으로 말하자면 부모와의 관계, 형제와의 관계, 친구나 선생님 그리고 이웃 사람들과의 관계가 형성되는 것이다. 그리고 사람은 다른 사람들과의 관계 속에서 평생 살아가게 된다.

이러한 관계는 자연적으로 또는 인위적으로 맺어지게 되며 나이가 들수록 관계망이 점점 넓고 깊어진다. 그 과정에서 인지력과 판단력이 강화되고 학습되면서 한 인격체로 성장하는데 이것이 인간의 사회화 과정이다.

사회 및 도덕 교과서에는 이렇게 적혀있다.

"부모는 자녀를 양육하고 자녀는 부모를 공경해야 한다. 가정과 학교, 직장에서 질서를 잘 지키고 자기가 맡은 일은 책임감을 가지고 열심히 해야 한다. 다른 사람들과 우호적인 관계를 형성하고 약자를 돕는 것이 인간의 도리이다…"

이것은 사회가 정해놓은 모범답안이다. 그리고 모든 사람들에게 이 모범답안에 맞춰서 살기를 요구한다. 만약 이 틀에서 벗어나면 '나쁜 사람'이 되고 만다. 예를 들어서 어떤 학생이 선생님의 말씀을 잘 듣지 않고 말썽만 부린다면 '벌'을 받아야 한다. 사고를 크게 치면 더 중한 '벌'을 받고 다른 사람들에게 손가락질도 받게 된다. 반면에 선생님의 말씀을 잘 따르고 공부도 열심히 하는 학생은 '상'을 받는다. 그리고 다른 사람들에게 "모범적이고 착하다."는 칭찬을 듣게 된다. 이른바 '착한 아이'가 되는 것이다.

사회적 기준에 따라 어떤 아이는 '좋은 사람'이 되고, 어떤 아이는 '나쁜 사람'이 되는 현상은 '착한아이증후군'이 생겨나는 요인이기도 하다.

인간은 사회화되는 과정에서 신념 체계가 학습되고 강화되는 과정을 거친다. 이를테면, "대인관계가 좋아야 성공할 수 있어. 다른 사람에게 친절해야 돼. 뚱뚱하면 매력적이지 않아. 돈이 없으면 불행해." 등등.

~을 해야 하는 것과 ~을 하지 말아야 하는 것(의무) 그리고 ~은 좋은 것이고 ~은 나쁜 것(판단)이라는 사회와 자신의 '기준'에 따라 모든 것을 분별하게 된다. 그리고 이 분별이 신경증을 불러일으킨다.

한편 피아제(J. Piaget)는 이러한 인간의 사회화 과정에서 인지력이 변화하는 인지발달 단계를 이론으로 정립했다. 피아제의 인지발달이론에 따르면 인간은 4단계의 인지적 변화 과정을 거친다고 규정하고 있다. 즉 감각 운동기, 전조작기, 구체적 조작기, 형식적 조작기가 그것으로 피아제의 인지발달이론은 인간의 인지변화 과정을 단계적으로 분석한 탁월한 이론으로 평가받고 있다. 그래서 심리학은 물론 교육학을 비롯한 인간의 사고와 행동체계를 연구하는 학문 분야에서 오랜 세월 동안 널리 인용되고 있다는 점에서 중요한 의미를 지닌다.

이해가 곧 치료다

인지치료를 한마디로 요약하자면 '이해가 곧 치료'이다. 사람은 이해가 되면 어떤 것이든 쉽게 받아들인다. 아니, 사람은 이해가 되는 것만 받아들인다. 다른 말로 하면, 사람은 이해가 되지 않는 것은 받아들이지 못한다. 이것은 인지체계(인지도식)가 왜곡되어 있어서 나타나는 현상이라고 할 수 있는데, 인지치료는 바로 이 왜곡되게 형성된 인지체계를 바로 잡아줌으로써 이해의 폭을 넓히고 사고가 유연해지도록 유도하는 과정이다. 그리고 인지체계가 바르게 형성되면 이상행동도 차츰 정상행동으로 고쳐지는 것이 인지행동치료의 효과라 할 수 있다.

자기를 낳아준 엄마를 지독하게 미워하는 내담자가 있다. 이에 대한 인지치료는 엄마를 이해하는 것이다. 알고 보면, 엄마도 트라우마가 많은 사람이고 어릴 때 당신의 부모님으로부터 제대로 사랑을 받지 못하고 자란 피해자이다. 그래서 엄마는 자식에게 사랑을 표현하는 방법이 미숙했던 것이다. 이것을 이해하면 엄마를 용서하게 되고 증상은 상당히 개선된다. 이것이 인지치료적인 방법이다.

사람은 어느 쪽으로든 치우쳐 있다

인지치료에 있어서 가장 중요한 변수는 상담자의 균형 감각이다. 사람은 누구나 어느 쪽으로든 치우쳐 있다. 예를 들면 부자는 좋은 것이고 건강한 것도 좋은 것이라는 관념을 불특정 다수인들은 거의 갖고 있다. 그런데 이런 관점에서 본다면 가난하고 병이 든 것은 나쁜 것이라는 등식이 성립한다. 만약 상담자가 이런 관념을 갖고 있다면 가난하고 병든 내담자를 상담하는 일이 매우 위험할 수 있다. 상담자 자신이 좋은 것이라고 믿는 방향으로 상담이 진행될 것이기 때문이다. 또다른 가정을 들어보자. 상담자는 어린 시절에 알코올 중독자인 자기의 아버지에게 몹시 시달림을 받았다. 그래서 알코올에 대해 심한 거부감과 '알코올은 나쁜 것'이라는 관념을 갖게 되었다. 그런데 이 상담자가 알코올 중독자의 상담을 맡았다. 이 상담자는 당연히 '술은 나쁜 것'이기 때문에 술을 반드시 끊어야 한다는 전제 하에 상담을 진행하게 될 것이다. 어쩌면 "술 마시고 가족을 괴롭히는 사람만큼 나쁜 사람은 없다."는 강한 신념을 가졌는지도 모른다. 그렇다면 알코올 중독자인 내담자를 은근히 경멸하는 태도로 대할 수도 있다. 이런 상담은 명백한 '싸구려 상담'이다.

알코올 자체는 좋고 나쁘다고 말할 수 있는 게 아니다. 술이 정말로 나쁜 것이라면 술을 파는 백화점이나 슈퍼마켓은 다 나쁜 곳이 되고 술 마시는 사람 역시 다 나쁜 사람이 된다. 술에 세금을 매겨서 걷는 국가도 나쁜 국가가 될 뿐이다. 하지만 술을 지나치게만 마시지 않는다면 술이 결코 나쁜 것이라고 할 수 없다. 국제적인 행사에서도 술이 음식과 함께 빠지지 않고 등장하지 않는가.

약자와의 동일시가 내재된 사람들도 마찬가지다. 그들은 강자들에게 심한 반감을 갖고 있다. 그래서 '강자는 나쁜 사람'이라는 편견을 지니게 되고 적대감을 나타낸다. 이것 역시 약자 쪽으로 치우쳐있는 것이다. 하지만 강자라고 해서 모두가 나쁜 사람은 아니며 실제로는 강자도 연약한 면이 있다는 사실을 알게 되면 사정은 달라진다. 또한 약자라고 해서 모두가 착한 사람은 아니며 약자 중에도 비겁한 사람이 많다는 사실을 알게 되는 경우에도 사정은 많이 달라진다.

이런 점에서 상담자는 자신이 어느 쪽으로 치우쳐 있는지를 정확하게 알고 있어야 하며 끊임없는 자기성찰을 통해 객관적이고 균형 잡힌 감각을 키워야 한다. 즉 객관적이고 가치중립적인 상태가 되어야 하며, 내담자의 증상과 치료 방법에 대해 알되 정확하게 알아야 인지치료를 제대로 할 수 있다.

인지 치료에는 저항이 따른다

사람은 익숙한 방식에 기대려는 습성이 있다. 이 말은, 사람은 낯선 방식을 꺼리고 두려워한다는 말이기도 하다. 그래서 자신이 익숙한 방식으로 계속 정진하는 것이 일반적인 삶의 패턴이다.

앞에서 언급한 대로 인지치료는 왜곡된 신념체계 즉 어느 쪽으로든 치우쳐 있는 틀을 바로 잡는 과정이다. 하지만 사람은 누구나 자신의 틀을 지키려는 아집에서 벗어나기가 무척 어렵다. 그렇기에 인지치료를 하다 보면 반드시 몇 번은 저항에 부딪히게 된다.

인지치료는 가치판단에 대한 점검에서 시작한다. 돈이 많아야 행복하게 살 수 있는데 자신은 가난하기 때문에 불행하게 살고 있다는 내담자에게 인지치료전문가는 이렇게 묻는다.

상담자_ 돈이 많으면 왜 좋은가요?

B씨_ 돈이 많으면 내가 하고 싶은 것을 마음껏 할 수 있으니까요. 궁전 같은 집과 고급 자동차도 살 수 있고 자유롭게 여행도 다닐 수 있잖아요. 가난한 사람들을 도울 수도 있고요.

상담자_ 네. 그렇군요. 그렇다면 궁전 같은 집과 고급 자동차를 갖지 못하는 것은 나쁜 것인가요?

B씨_ 나쁘다기보다는… 어쨌든 돈이 많은 게 가난한 것보다는 좋지 않나요? 상담사님은 돈 많은 게 싫은가요?

상담자_ 아뇨. 그렇지는 않지만요. 돈이 많으면 내가 할 수 있는 게 많아지겠죠. 가난하면 내가 할 수 있는 게 적어지고요. 하지만 돈이 많다고 해서 모두가 행복하다고 볼 수는 없고 가난하다고 해서 모두가 불행하다고도 볼 수는 없겠지요. 그래서 돈이 많으면 편리하고 가난하면 불편하다는 것이 정확한 표현이지 않을까요?

B씨_ 편리한 게 좋고 불편한 건 나쁘다고 생각하는데요.

상담자_ 과연 그럴까요? 선생님이 알아야 할 것은 편리하거나 불편한 것과 좋고 나쁜 것은 다르다는 사실입니다. 예를 들어서 척수 장애인이 있다고 할 때 그는 엄청나게 불편하다고 생각할 수 있겠죠. 휠체어를 타고 다녀야 하고 경사가 지거나 문턱이 높으면 다른 사람의 도움을 받아야 그곳을 지나갈 수 있고 발밑에 떨어진 물건을 줍기도 힘들 테니까요. 그러나 그 장애인이 꼭 불행하다고 볼 수는 없잖아요. 장애를 갖고 있어서 불편할 뿐이지 경우에 따라서는 얼마든지 즐겁게 살 수도 있겠죠. 자, 이런 장애를 갖는 것은 좋은가요? 나쁜가요?

B씨_ 저는 좋다고는 생각되지 않는데요.

상담자_ 네. 이것은 좋고 나쁘다고 판단할 문제가 아닙니다. 또한 옳고 그른 문제도 아니에요. 그런데 사람들은 자꾸 선생님처럼 가치판단을 하려고 하죠.

B씨_ 그게 당연하지 않나요? 장애를 가진 것이 뭐가 좋겠으며 누가 그걸 원하겠어요.

상담자_ 물론 장애를 갖고 싶어 하는 사람은 드물겠지요. 하지만 선생님처럼 장애를 갖는 것이 나쁜 것이라는 관념을 가진 사람이 사고를 당해서 장애를 갖게 된다면 스스로가 불행하다고 여겨지겠죠. 돈이 많은 것은 좋은 것이라는 관념을 가진 사람도 어떤 계기로 가난해진다면 스스로를 불행하다고 느낄 것이고요.

자, 이쯤 되면 우리의 고정관념이 실제생활에서 얼마나 크게 작용하는지를 알 것이다. 그리고 우리가 경계해야 할 것도 가치판단임을 충분히 깨달을 수 있을 것이다.

그렇다. 우리는 사회화되는 과정에서 가치판단을 가장 먼저 배우기 때문에 그것이 당연한 줄 알고 있다. 하지만 거의 모든 심리 증상들이 그로 인해 생성된다는 사실은 잘 모르고 있는 것이 현실이기도 하다.

나는 인지치료를 제대로 이해하는 내담자에게 농담조로 묻곤 한다. "사는 것은 좋은 건가요? 나쁜 건가요?" 또는

"죽는 것은 좋은 건가요? 나쁜 건가요?"라고.

그들은 웃으며 대답한다.

"좋고 나쁜 것은 아니죠. 그냥 그럴 수 있는 일이라고 할까. 하하…"

모든 심리치료의 중심에는 인지치료가 있다

나는 "모든 심리치료의 중심에 인지치료가 있다."는 말을 자주 한다. 앞에서도 언급했듯이, 사람은 이해가 되면 어떤 문제도 받아들일 수 있다. 이 말은 결국 이해가 되지 않으면 받아들이지 못한다는 의미를 내포하고 있는데, 이해가 되지 않는 가장 큰 이유는 잘못 알고 있거나 아예 모르기 때문이다. 어떤 것이든 내가 알게 되면 납득이 되지만 모르면 도무지 납득이 되지 않는 것이다.

컴퓨터에 에러가 발생했다. 그래서 이것저것 만져보고 고치려 해 봐도 상태는 점점 심각해진다. 괜히 컴퓨터를 더 망가뜨리는 것 같아서 겁이 난다. 이때 컴퓨터에 대해 잘 아는 친구가 찾아왔다. 그는 컴퓨터를 잠시 살펴보더니 케이블을 하나 바꿔 끼운다. 그렇게 하니 컴퓨터가 멀쩡해졌다. 불과 일 분도 채 되지 않아서 컴퓨터가 고쳐진 것이다.

그 친구는 나에게 이것은 단지 케이블 하나가 다른 위치에 꽂혀있었기 때문이라고 설명을 해준다. 나는 그 말을 듣고서야 안심이 되었다. 혹시 큰 고장이면 어떡하나 하고 내 나름대로 걱정을 많이 했었는데 알고 보니 너무 간단하다.

세상의 이치는 이와 같다. 아주 사소한 것이라도 내가 모르면 답답하고 화도 난다. 어떤 문제라도 알고 보면 너무 쉬운데 모르기 때문에 온갖 스트레스에 시달리는 것이다.

명강의는 쉽다. 강사가 그 주제에 대한 개념을 정확하게 알고 있으면 쉽게 설명할 수 있다. '펜은 글씨를 쓰는 도구'라고 간단하게 설명해도 금방 이해가 된다. 하지만 강사가 그 주제에 대한 개념 정립이 제대로 되어있지 않으면 말이 복잡해지고 알아듣기도 어려워진다.

이해가 되지 않는 또 다른 이유는 감정이 꼬여있기 때문이다. 인간은 감정의 동물이다. 그래서 내가 알고 있더라도 인정하기 싫은 경우에는 무의식적으로 "나는 그것을 몰라." 라고 합리화를 시켜 버린다. 이 말은 "나는 그 문제를 이해하고 싶지 않아." 라는 뜻이다.

상담자는 인지치료를 할 때 이런 점을 충분히 알고 있어야 함은 당연하다. 그래야 내담자를 깊이 이해하고 가장 적절한 해결방법을 제시할 수 있기 때문이다.

행동요법 _ 각종 공포증을 치료한다

인지치료가 사람의 왜곡된 신념체계를 바로잡는 것이라면, 행동치료 (행동요법)는 비합리적인 행동체계를 바로잡는 기법이라 할 수 있다. 그리고 우리의 신념체계와 행동은 직접적으로 연관되어 있기 때문에 인지치료와 행동치료를 합쳐서 흔히 인지행동치료라고 부르는 것이다.

　행동치료는 파블로프(Ivan Petrovich Pavlov)의 '조건반사 이론'에 근간을 두고 있다. 우리가 공포심을 가지는 것은 무언가에 놀란 경험이 있기 때문이다. 예를 들면, 앞에서 언급한대로, 어린 시절에 개에게 물려서 크게 놀란 경험이 있는 사람은 개에 대한 공포심을 갖게 된다. 그래서 개만 보면 무서워서 피하려는 충동이 나타난다. 이런 경우에 행동치료를 적절하게 활용하게 되면 개에 대한 공포증을 상당히 개선시킬 수 있다. 그리고 이때는 '점진적 이완법'을 주로 활용한다. '점진적 이완법'은 행동치료전문가의 도움을 받아서 개가 반드시 무서운 동물이 아니라는 사실을 점차 이해하는 과정으로 진행된다.

　처음에는 멀리서 개를 바라보는 것만으로도 공포심을 느끼는 내담자에게 개 주인이 개를 끌어안는 장면을 보게 한다. 그리고는 개 주인이 개를 끌어안고 있는 곳으로 조금씩 다가간다. 이때 행동치료전문가는 미리 개 주인에게 개가 갑자기 사람에게 달려들거나 사납게 짖지 못하도록 안전장치를 마련해줄 것을 요청해야 하고 이 사실을 내담자에게도 충분히 설명해야 한다. 물론 이 실험에 참가하는(?) 개는 어리고 온순한 개를 선별하는 것이 중요하다. 그런 준비가 잘 되었다면 행동치료전문가는 내담자를 보호하며 점점 더 개에게 다가간다. 그리고 행동치료전문가가 주인이 안고 있는 개의 털을 쓰다듬는다. 성격이 온순한 개는 얌전한 표정을 지으며 눈을 꿈뻑인다. 행동치료전문가는 다시 개의 귀와 턱 부분을 쓰다듬는다. 그래도 개는 별다른 저항을 하지 않는다. 행동치료전문가는 다시 개의 얼굴과 꼬리까지 쓰다듬고 나서 아예 개를 주인에게서 넘겨받아 품에 안는다. 그리고는 다시 개 주인 품으로 돌려준다. 행동치료전문가는 이런 행동을 두세 번 반복한다. 이때는 개의 앞발을 손으로 잡고 악수하는 모습을 보이기도 하고 개의 얼굴에 자신의 얼굴을 대고 부비기도 하는 등 개와 친한 모습을 보여주기도 한다.

행동치료전문가는 내담자에게 "이 개는 아주 온순하고 귀여워요. 털도 부드럽고요. 자, 손으로 이 부드러운 털을 한 번 쓰다듬어 볼까요?"라고 하면서 자신이 먼저 개의 털을 쓰다듬는다. 그리고 개의 얼굴을 다른 손으로 돌려서 내담자를 쳐다보지 못하게 한 다음 내담자에게 개의 털을 쓰다듬어 보라고 한다. 내담자는 여전히 개에 대한 공포심을 갖고 있지만 여러 가지 안전장치가 마련되어 있음을 알기 때문에 조심스럽게 개의 털을 쓰다듬는다. "어때요. 부드럽죠. 이제는 등과 꼬리 부분을 쓰다듬어 보세요." 행동치료 전문가는 내담자가 충분히 안심할 수 있도록 개의 입 부분을 움켜잡은 채 이렇게 말한 다음 개의 앞다리와 악수를 해보라고 권한다.

'점진적 이완법'은 이처럼 내담자가 무서워하는 대상이나 상황(광장이나 폐쇄적인 공간에 머무는 것 등)에 조금씩 접근해서 그 대상이나 상황이 결코 무서운 것만은 아니라는 사실을 체험함으로써 각종 공포증을 치료하는 치료법이다. 그리고 실제 상담에서도 이 방법은 자주 적용되고 탁월한 효과가 나타나기도 한다. 다만 상담자가 미숙하거나 실습 경험이 적다면 위험한 상황이 발생할 수 있고 내담자의 공포증이 더 심해지는 경우도 있으므로 반드시 전문가의 도움을 받아서 실행하는 것이 중요하다.

» 인지행동치료는 자아가 경직되고 고정관념이 강한 내담자를 상담할 때 주로 활용된다.
» 내담자의 신념체계 탐색.
» 행동요법으로 감정의 변화를 유도한다. (웃으니까 행복하다.)
» 점진적 이완법을 활용해서 각종 공포증 해결.

트라우마 치유와
자기계발을 위한 심리멘토링

04
...
최면

최면은 무의식의 문을 여는 열쇠이다
— 김지우

　최면은 시술자가 유도하는 방식으로 피시술자의 무의식에 접근하여 트라우마의 원인을 밝혀내고 치료하는 과정이며, 주요 키워드는 몸과 마음의 이완과 암시, 무의식 탐색이다.

　인간의 무의식 속에는 우리가 상상하는 것보다 훨씬 많은 기억의 정보가 저장되어 있다. 하지만 우리가 의식 상태에서는 그 기억의 정보들을 제대로 알기가 어렵다. 무의식 속의 부정적인 기억들이 억압되어 있기 때문이다. 의식 상태에서는 억눌린 기억의 정보가 감정적 형태로 나타나는데 예를 들면 분노, 불안, 우울, 자기연민, 결벽증, 대인기피증 등 파괴적인 경우가 대부분이다. 그래서 그런 증상을 고치기 위해 약물요법을 쓰기도 하고 심리상담을 받기도 하지만 최면은 그 중에서도 왜곡된 무의식 속의 기억들을 떠올리고 치유하는데 있어서 가장 효율적인 기법에 속한다.

최면 유도 과정과 트랜스 상태

최면은 시술자가 피시술자의 몸과 마음을 이완시키는 유도과정으로 시작한다. 최면 유도 과정은 대개 숫자를 10에서 1까지 거꾸로 세거나 계단을 높은 데서 낮은 데로 내려오면서 "마음이 조금씩 편안해진다. 편안해진다. 점점 더 편안해진다."라는 암시적인 말을 하는 것이 일반적이다.

최면 유도과정을 통해 피시술자의 몸과 마음이 이완되면 반수면 상태 즉 트랜스 상태에 접어들게 된다. 정신이 몽롱한 트랜스 상태에서는 무의식에 접근하기가 훨씬 용이하다. 사람은 마음이 아주 편안한 상태에서는 평소에 잘 떠오르지 않던 오래전 기억이 또렷하게 떠오르기도 하고 뜻밖의 아이디어나 영감이 샘물처럼 솟아오르기도 하는 경험을 하게 되는데 트랜스 상태가 바로 그런 때라고 생각하면 이해가 쉬울 것이다.

시술자는 피시술자를 이보다 더 깊이 이완시키는 암시적인 말을 하면서 피시술자에게 떠오르는 장면이 무엇인지를 질문하는 과정으로 최면을 진행하는 것이 그 다음 단계이다. 이때는 피시술자가 시술자의 말에 몰입이 된 상태이기 때문에 별다른 저항을 느끼지 않고 자연스럽게 대답을 하게 된다. 시술자는 피시술자의 대답을 들으면서 계속 피시술자의 심리증상과 관련된 질문을 하고 그 증상의 근본적인 원인 탐색과 치료를 진행한다.

최면의 성패 여부는 시술자가 피시술자를 이완시켜서 얼마나 깊은 무의식 단계로 유도할 수 있느냐에 달려 있다. 만약 시술자의 능력이 탁월하다면 무의식 속에 억압된 트라우마의 치유는 물론이고 잠재된 능력까지 의식 수준으로 끌어올려서 피시술자의 자원으로 만들 수도 있다. 하지만 시술자가 미숙한 경우에는 오히려 상처를 더 크게 만들고 심한 부작용을 불러일으킬 수 있는 위험성도 존재한다.

최면에 대한 오해와 진실

최근에 각 TV매체에서 최면을 오락적으로 편성, 제작하여 자극적인 장면을 자주 보여주고 있는데 '전생퇴행'이나 '빙의치료'와 같은 경우가 그 예라 하겠다. 하지만 이런 현상은 최면에 대한 오해의 소지를 생성할 가능성이 매우 크다. 즉 "최면을 하니까 순식간에 전혀 딴 사람처럼 변하고 귀신들린 병자도 금방 고쳐지더라."라는 '최면만능주의'가 팽배해질 수 있는 것이다.

사실을 말하자면, 최면은 만능이 아니다. 그리고 '전생퇴행'이나 '빙의'와 관련해서 덧붙이자면, 그것은 최면 시술자나 피시술자의 믿음과 깊은 관련이 있다. 만약 최면 시술자가 "전생이 있다."라는 믿음을 가지고 있고, 피시술자도 같은 믿음을 가지고 있다면 '전생퇴행'은 쉽게 이루어진다. 그리고 피시술자가 전생이 있다는 확실한 믿음이 없다하더라도 전생에 대한 약간의 호기심만 있어도 "전생이 있다."라는 믿음을 가진 시술자가 최면 유도를 하면 '전생퇴행'이 이루어질 가능성이 커진다. 하지만 최면 시술자가 "전생은 없다."라는 믿음을 가지고 있고, 피시술자도 같은 믿음을 가지고 있다면 '전생퇴행'은 이루어지지 않는다.

'빙의치료'도 마찬가지다. 최면 시술자가 "귀신이 있다."라는 믿음이 있고, 피시술자도 같은 믿음이 있다면 '빙의치료'가 될 수 있지만, 반대인 경우에는 '빙의치료'가 이루어지지 않는다.

하지만 이 문제는 사회적으로 민감한 사안이기 때문에 더 이상 언급하는 것은 또 다른 오해의 소지가 있을 수 있고 또한 자칫하면 최면 자체에 대한 불신을 조장할 수도 있기 때문에 여기서는 이 정도만 언급하는 것이 좋을 듯하다. 최면에 대해 더 궁금한 점은 검증된 최면 전문가에게 직접 물어보길 권해드린다.

재작년 1월 중순, 나는 모 방송국 제작진의 전화를 받았다.

> 제작진_ 원장님. 50대 중반의 한 여성분이 어릴 적에 헤어진 가족을 찾고 싶다고 저희에게 연락을 해왔습니다. 그래서 저희가 그 당시의 상황을 물어봤는데, 자기가 어디서 살았는지 부모님은 어떤 분들인지 형제가 몇 명이며 특징이 뭔지를 도무지 기억하지 못하시더라고요. 이 분이 가족을 찾을 수 있도록 도와주고 싶지만 단서가 너무 적어서 안타깝습니다. 혹시 최면을 하면 어릴 때의 기억을 많이 떠올릴 수 있을까요?

나는 최면을 한다고 해서 그분이 어릴 적의 기억을 정확하게 떠올린다는 보장은 없지만 그럴 수 있는 가능성은 충분히 있다고 대답했고, 실제로 그 방송국 제작진의 요청에 따라 그분에게 최면 시술을 진행했다. 그 결과 그분은 기대 이상으로 많은 기억을 떠올렸고 결국 자신의 친동생을 찾을 수 있었다. 그분의 부모님은 돌아가신 지 오래되었고 그 동생이 유일한 혈육이라는 사실도 그 후에 알게 되었다.

TV에서 최면을 하는 모습이 방영된 이후 내가 운영하는 상담센터에는 최면에 대한 문의전화가 대폭 증가했다. 그 가운데 자주 하는 질문은, 자신이 얼마 전에 중요한 물건을 잃어버렸는데 최면을 해서 찾을 수 있는지 또는 술이나 담배, 게임중독을 최면으로 고칠 수 있는지 심지어는 특정 인물과 관련된 기억을 지워버릴 수 있는지 등으로 다양하다. 그럴 때 나는 이렇게 대답한다.

김지우_ 네. 물론 가능합니다. 최면은 심리와 관련된 어떤 문제에도 적용이 가능한 과학적인 기법입니다. 그래서 국가적으로도 범죄수사에 최면을 활용하는데요. 프로파일러들이 최면을 해서 사건 해결의 실마리를 찾기도 하죠. 하지만 최면은 피시술자의 최면감수성에 따라 결과에 있어서는 차이가 크게 날 수 있습니다. 최면 감수성이 예민한 사람은 최면에 쉽게 걸리는 반면에 최면 감수성이 둔감한 사람은 아예 최면이 걸리지 않기도 합니다. 그래서 최면을 한다고 해서 똑같은 결과가 나오는 것이 아니고 편차가 심하게 나타나는 것이 특징입니다. 방금 질문하신 데 대한 대답은 그럴 수도 있고 아닐 수도 있다고밖에 말씀드릴 수 없습니다. 최근 TV에서 최면 프로그램을 너무 오락적으로 제작해서 방영하는 경향이 짙기 때문에 최면에 대해 상당히 오해하는 분들이 많은데요. 최면을 한번 받아서 사람이 전혀 딴 사람처럼 변하거나 자신이 원하는 것을 이룰 수 있다면 세상에 최면 안 받을 사람이 있겠습니까? 최면이 탁월한 기법이긴 하지만 결코 만능은 아닙니다. 그래서 최면을 해서 효과를 볼 수 있는 가능성이 어느 정도인지를 물어보시는 것이 타당하다는 말씀을 드리고 싶습니다.

최면에 능숙한 전문가는 때와 장소를 굳이 가리지 않는다. 나 역시 필요하면 언제 어디서든 최면을 활용한다. 가령 상담 중에도 내담자와 서로 마주 보며 의자에 앉은 상태에서 최면 시술을 하는 경우가 자주 있다. 물론 상담 계획에 따른 시술이긴 하지만 때로는 필요성이 절실히 인정될 경우에는 즉흥적으로 시술이 이루어지기도 한다.

상담자가 다른 상담기법과 더불어 최면에도 능숙한 전문가라면 상담의 효율성이 높아지는 것은 당연하다. 나는 최면이 꼭 필요한 내담자에게는 최면을 우선적으로 시술하지만 잃어버린 물건을 찾는다든지 어릴 적의 가족을 찾기 위해 기억을 떠올리는 등 단순한 경우가 아닌 복합적인 심리장애를 가진 내담자들에게는 최면과 다른 기법을 병행해서 활용한다는 상담 원칙을 가지고 있다. 그렇게 하는 것이 가장 합리적이고 시너지 효과도 크기 때문이다.

최면의 효과는 실로 엄청나게 크다고 할 수 있다. 최면은 트라우마의 치료, 습관교정, 자신감 배양, 자기계발 등 인간의 생각과 행동 전반에 걸쳐 또한 건강, 의료, 교육, 스포츠 등 다양한 분야에서 폭넓게 활용되어지고 있다. 그래서 앞으로 더 많은 사람들의 트라우마가 치유되고 몸과 마음의 건강을 증진시키는 데 최면이 크게 기여하게 되기를 기대한다.

상담 포인트

> 최면은 억압된 기억을 의식 수준으로 끌어올리는 데 주로 활용된다.
> 내담자의 무의식 탐색과 치료.
> 습관교정, 정서적 안정 상태 유지를 통한 정체성 회복 유도.
> 긍정적인 자아상 형성.

05
· · ·

NLP

NLP는 Neuro Linguistic Programming(신경언어프로그래밍)의 약자로, 1970년대 중반 미국의 리처드 밴들러(Richard Bandler)와 존 그린더(John Grinder)에 의하여 시작된 새로운 형태의 언어학, 행동심리학이며, 주요 키워드는 오감(五感), 분리와 연합, 영화관 기법, 엥커링, 메타 모델, 밀턴 모델 등이다.

1970년대에 창안된 NLP는 심리치료 분야의 탁월한 전문가들을 조사하여 그들의 공통점과 특징을 규합해서 만들어진 기법이다. 밀턴 에릭슨이란 최면 전문가의 영향을 크게 받았기에 '간접최면'이라고도 불린다.

NLP는 오감 즉 시각, 청각, 촉각, 미각, 후각을 매우 중요하게 다룬다. 그리고 사람의 기억은 오감과 밀접한 연관성을 갖고 있다고 전제한다. 우리가 어떤 기억을 떠올리면 오감이 저절로 작동해서 그 당시의 상황과 느낌을 다시 재현하게 된다는 것이다. 사람은 누구나 좋은 기억과 나쁜 기억을 가지고 있는데 이 기억들이 오감과 연결되어 있으며, 그 오감을 자극해서 기억을 재구성하는 원리를 적용하는 것이 바로 NLP이다.

트라우마 치유와
자기계발을 위한 심리멘토링

참고로, 우리가 보는 것(시각)으로 받아들이는 외부세계의 정보가 약 70%를 차지하는 것으로 알려져 있다. 그리고 듣는 것(청각)으로 받아들이는 정보는 약 20%, 촉각, 미각, 후각을 합쳐서 약 10%의 정보를 받아들인다.

영화관 기법

NLP에서 가장 많이 사용되고 널리 알려진 것이 영화관 기법이다. 영화관 기법은 다음과 같이 전개된다.

내 앞에 상상의 영화관이 있다. 그리고 영화관에서는 영화가 상영되고 관람석에 관객이 앉아있으며 영사실에는 영사기를 작동하는 기사가 있다. 그런데 그 영화의 주인공이 '나'이다. 또한 관람석에 앉아서 영화를 보고 있는 관객도 '나'이며 영사실에서 영사기를 작동하는 기사도 '나'이다. 상담자는 내담자에게 과거의 좋은 기억을 떠올리도록 유도한다.

예를 들어 초등학교 5학년 때 우등상을 받았다면 그때 내 눈에 보였던 장면들 : 아침 조회 시간, 넓은 운동장에 줄지어 서 있는 선생님들과 학생들 그리고 단상 위에 올라가서 교장 선생님께 상장을 받는 내 모습 등, 그때 들었던 소리들 : 스피커를 통해 내 이름이 불리고 상장 내용이 낭독되고 뒤이어 들리는 우렁찬 박수 소리 등, 그때의 느낌 : 가슴이 벅차오르고 감격스럽고 하늘에라도 오를 것 같은 기분 등을 떠올린다.

영사기를 작동하는 영사실의 나는 스위치를 올린다. 그러면 영상이 더 커지고 선명해진다. 다른 스위치를 올리면 박수 소리가 더 크고 선명하게 들린다. 또 다른 스위치를 올리면 그때의 벅찬 느낌이 더 커진다. 더 크고 선명한 영상, 더 크고 선명한 소리, 더 가슴 벅찬 느낌을 스위치를 작동해서 키우다가 클라이맥스에 도달했을 때 스틸화면(정지화면)으로 고정시킨다. 그리고는 오른쪽 손가락 엄지와 중지를 구부려서 동그라미를 만든다. 이 과정을 되풀이하면서 클라이맥스에서 스틸화면을 고정시킬 때마다 오른쪽 손가락 엄지와 중지를 구부려서 동그라미를 만든다. 그렇게 하면 나중에는 내가 오른쪽 손가락 엄지와 중지를 구부려서 동그라미를 만들기만 해도 기분이 좋아진다. 이것을 '앵커링'이라고 한다. 앵커는 '닻'이란 의미이며 앵커링은 "닻을 내린다."는 뜻으로 앵커링을 통해 내 좋은 감정을 내면에 각인시켜서 언제든지 쉽게 떠오르게 할 수 있다. 이렇게 좋은 기억은 더 확대시키고 선명하게 만들고 오감을 조절해서 기억을 재구성할 수 있는 것이다.

이와 반대로 나쁜 기억을 처리할 수도 있다.

만약 공부는 잘했으나 친구들이 나를 시샘하고 질투하며 미워해서 왕따를 당했다면 그때 내 눈에 보였던 장면들 : 무섭게 생긴 친구들, 야구방망이, 주머니의 칼 등, 그때 들었던 소리들 : 온갖 욕설과 위협적이고 비아냥거리는 말들 등, 그때의 느낌 : 분노나 수치심, 두려움 등을 떠올린다.

그리고 영사기를 작동하는 영사실의 내가 이번에는 스위치를 거꾸로 내린다. 그러자 보이는 것이 점점 작아지기 시작하고 화면이 희미해진다. 또한 스위치를 올렸다 내렸다를 반복하면 무서운 사람을 일그러뜨리거나 우스꽝스럽게 바꿀 수도 있다. 또 다른 스위치를 내리면 소리도 점점 작아지고 흐릿해진다. 그리고 그때 내가 느꼈던 두렵고 화난 감정도 점점 줄어든다. 그러다가 아예 스위치를 꺼버릴 수도 있다.

이 과정을 되풀이하면서 클라이맥스에서 스틸화면을 고정시키고 이번에는 오른쪽 손바닥으로 왼쪽 손목을 가볍게 잡는다. 그렇게 하면 나중에는 두렵거나 화가 날 때마다 오른쪽 손바닥으로 왼쪽 손목만 가볍게 잡아도 감정이 긍정적으로 바뀌게 된다. 이것은 부정적인 기억을 좋은 느낌으로 바꾸는 '앵커링'이다.

연합과 분리(Association & dissociation)

한편 영화 속의 나와 관객인 나 그리고 영사기를 작동하는 나는 각기 다른 위치에 있는 상황이다. 우선 영화 속의 주인공인 나는 실제로 그 당시의 체험을 하고 있다. 그래서 기분이 좋기도 하고 나쁘기도 하다. 그런데 관객인 나는 영화 속의 주인공인 나를 객관적으로 보게 된다. 그리고 영사기를 작동하는 나는 영화 속의 주인공인 나와 관객인 나를 보다 더 객관적으로 동시에 볼 수 있다. 아울러 영사기를 작동하는 나는 스위치를 올리고 내리면서 영화의 특정 장면을 더 밝고 선명하게 하기도 하고 더 어둡고 흐리게 만들 수도 있다. 이것을 NLP에서는 연합과 분리라고 한다. 즉 나의 좋은 기억은 연합해서 강화시키고 나의 나쁜 기억은 분리해서 약화시키는 것이다.

연합과 분리는 다양한 방법으로 활용이 가능하다. 내가 내 자신을 10미터 떨어져서 바라본다든지 우주선을 타고 우주에서 지구의 내 모습을 바라본다든지 아니면 아주 가까이에서 내 자신을 바라보는 등으로 거리를 조절함으로써 내 자신과 더욱 밀착시킬 수도 있고 멀어지게할 수도 있다. 그렇게 함으로써 내가 느끼는 오감이 달라지고 기억을재구성할 수 있는 힘이 생긴다.

이미지 트레이닝

영화관 기법은 자신의 기억을 재구성하는 데 자주 활용되지만, 자신이 원하는 것을 얻고 목표를 달성하고자 하는 이미지 트레이닝에도 많이 쓰이고 있다.

국가대표인 N씨는 800m가 주 종목인 육상선수이다. N씨의 목표는올림픽에서 금메달을 따는 것. 그는 그 목표를 이루기 위해 열심히 땀을 흘린다. 그리고 자기계발전문가에게 이미지 트레이닝을 코칭 받는다.

N씨는 올림픽 결승전 파이널 경기에서 출발선에 서 있다. 곧이어 출발 신호가 울리고 N씨는 달리기 시작한다. 100m, 200m… N씨는 여유롭게 선두로 달리고 있다. 그리고 마침내 N씨는 결승선을 통과한다. 1위, 금메달이다. 관중석에서 환호와 갈채가 터지며 전광판과 안내방송에서 N씨의 이름과 세계신기록이란 멘트가 울려 퍼진다. N씨는 활짝웃으며 트랙을 한 바퀴 돌며 관중들을 향해 손을 흔든다.

잠시 후 시상대에 올라서자 IOC 위원이 N씨 목에 금메달을 걸어주고 애국가가 울려 퍼진다. N씨는 가슴에 손을 얹고 전광판에 비치는자신의 모습을 바라본다. 가슴이 벅차오른다. 꿈에도 그리던 올림픽 금메달을 딴 것이다.

　이런 장면과 소리와 감정을 자신이 현실처럼 생생하게 느낄 때까지 반복한다.

　이렇게 자신이 바라는 미래의 일을 이미 이뤘다는 가정 하에 현실처럼 상상하는 것이 이미지 트레이닝이다. 이미지 트레이닝은 우리의 뇌가 현실과 상상을 구분하지 못한다는 원리를 적용해서 만들어진 또 다른 기법이다. 이런 훈련을 통해 내 삶이 실제로 올림픽 금메달리스트와 같이 되어간다. 내 행동과 감정과 생각까지도 올림픽 금메달리스트처럼 변화하는 것을 느끼게 된다. 그리하여 그런 믿음이 커지면서 확실하게 올림픽 금메달에 접근하게 되는 것이다.

〈뇌의 특성〉

1. 뇌는 현실과 상상을 구분하지 못한다. 그래서 NLP에서는 이것을 응용해서 이미지 트레이닝과 자기계발에 주로 활용한다.

2. 뇌는 주어를 구분하지 못한다. "엄마는 편안하다."라는 말을 한다고 해도 우리 뇌는 주어와 상관없이 "편안하다."라는 말만 인지한다. 그래서 이것을 활용하면 치료하는 말을 잘 쓸 수 있다. 예컨데 "나는 편안하다."라는 말을 해도 상대방이 편안하게 느끼도록 만들 수 있는 것이다. 그래서 이것은 최면에서 많이 활용한다(편안해집니다. 점점 편안해집니다 등).

3. 뇌는 명사에 예민하다. "게임하지 마라."라는 말에서 '게임'인 명사를 예민하게 받아들여서 '게임'을 바로 떠올리게 된다. "코끼리를 생각하지 마세요."라고 말하면 문장의 내용과 상관없이 코끼리가 생각나는 것과 같은 이치이다.

　이것은 뇌의 특성과 언어가 가진 특성을 연계하여 적용하는 것으로, 특정 뇌파를 직접 자극하여 비언어적 요소를 활성화하는 뉴로피드백과는 차이가 있는 대목이다.

NLP는 1970, 80년대에 전 세계적으로 선풍적인 인기를 끌었다. 그 이유는 NLP가 언어와 상상 그리고 오감을 적절하게 활용함으로써 심리치료는 물론 자신이 원하는 것을 얻는데 탁월한 기법이라는 공감대가 폭넓게 형성되었기 때문이다. 그래서 세계 곳곳에서 NLP강좌와 워크샵이 끊임없이 이어졌다.

자기계발과 성공학에 대한 서적들이 본격적으로 쏟아져 나오기 시작한 것도 그때부터였다. 상상이 꿈을 이루는데 결정적인 역할을 담당한다는 인식이 확산되면서 소위 '끌어당김'의 법칙이 이론화되고, 그 이론을 바탕으로 수많은 사람의 염원을 달성하는 동기로 작용하게 된 것이다. 그리고 지금까지도 그런 추세는 계속되고 있다.

NLP의 영화관 기법과 관련된 나의 개인적인 견해 한 가지를 소개한다. 인간은 본능적으로 영유아기를 그리워한다. 자신의 힘으로는 아무것도 할 수 없는 완전히 무기력한 그 시기를 그리워하는 것이다. 그것이 바로 인간의 원초적인 기억이기 때문이다. 그리고 살다 보면 때때로 완전히 무기력해져서 아무것도 못 할 것 같은 느낌이 드는 때가 있다. 그럴 때는 멍~한 상태가 된다. "그래, 나는 원래 아무것도 할 수 없는 존재였어. 지금도 똑같아." 이런 내면 진술이 완전히 무기력한 상태가 원래의 내 모습이라는 기억과 연결되는 것이다. 그래서 이런 상태에서는 뭘 하려고 해도 멍~한 감정을 떨쳐버리기가 어렵다. 차라리 아무것도 하지 않는 것이 편안하다고 느끼기 때문이다.

이럴 때는 몸을 조금이라도 움직여서 일단 장소를 이동해 보는 것이 바람직하다. 자기에게 "지금의 나는 그때의 내가 아니다." 라는 사실을 보여 줌으로써 나의 무의식이 현재의 내 모습을 새롭게 인식할 수 있게 하기 위함이다. 이렇게 하면 지금은 내가 무력하지 않다는 것을 스스로에게 암시적으로 전달하는 것이 되기 때문에 그런 무력감에서 벗어날 수 있다.

영화관 기법에서 내가 영사실에서 스위치를 작동하는 것은 바로 이런 무력감을 극복하는 방법의 한 가지에 해당한다. 과거에는 도저히 상상도 할 수 없는 것을 지금은 내가 충분히 할 수 있음을 스스로 확인시켜 줌으로써 자신의 존재에 대한 재발견의 계기로 작용하는 것이다.

기억을 재구성하는 것은 자신이 더 이상 무력하지 않고 모든 것을 조절할 수 있다는 사실을 스스로에게 계속 확인시키는 작업이라고 할 수 있다.

메타 모델과 밀튼 모델

NLP에서도 언어는 중요하게 사용되는 도구이다. 그리고 메타 모델과 밀튼 모델은 NLP의 대표적인 화법에 속한다. 메타 화법은 왜? 라는 연속된 질문을 통해 내담자의 인지 오류를 바로잡는 기능을 한다. 예를 들면 "사람들은 나를 괴롭히려고 해."라고 할 때 "사람들이 왜 당신을 괴롭히려고 할까요?"라고 묻는다. "그전에도 그랬으니까요."라고 대답하면 "그전이라면 언제이고 무슨 일이 있었나요?"라고 되묻는다. 계속 이런 식으로 질문을 이어가면 내담자가 어떤 상황에 대해 자기의 주관적인 인식에 근거를 두고 있다는 사실을 깨닫게 된다. 그래서 내담자 자신의 메타프레임이 왜곡되어 있음을 인지하고 오류를 수정함으로써 객관적이고 가치중립적인 인식능력을 갖추게 하는 것이 메타 화법의 기능인 것이다. 메타 화법은 일종의 인지치료라고 할 수도 있다.

반면에 밀튼 화법은 은유적인 표현을 쓰는 것이 특징이다. 예를 들면 "모든 것이 좋아지고 있습니다."라든가 "웃는 모습이 예술이네요."라는 식으로 말을 한다. "모든 것이 좋아지고 있다."는 표현은 무엇이 어떻게 좋아지고 있는지가 생략되어 있다. 또한 "웃는 모습이 예술"이라는 말도 너무나 모호한 느낌이 드는 표현이다. 밀튼 화법은 암시성을 강조하며 듣는 사람이 무심결에 동조하는 현상이 나타나도록 유도하는 특성을 가지고 있다. 그리고 원래 밀튼 화법은 NLP에서 중요한 모델이 되었던 탁월한 최면 전문가인 밀튼 에릭슨의 화법을 도입했다는 점도 특기할 만한 대목이라 하겠다.

쉽게 말하자면 메타화법은 '꼬치꼬치 묻는 화법'이고 밀튼화법은 '두리뭉실 화법'이라 할 수 있다.

모든 행동에는 긍정적인 의도가 있다 _ 습관을 변화시키다

NLP에서는 사람이 어떤 행동을 하더라도 그 밑바닥에 긍정적인 의도가 있다고 주장한다. 예를 들면 술을 마시는 행동에는 "나는 기분이 좋아지고 싶다."든가 "술에 취해서 평소에 억눌린 감정을 해소하고 싶다."라는 의도가 있다는 것이다. 그리고 담배를 피우는 행동에는 "나는 여유를 즐기고 싶다."든가 "나는 긴장을 풀고 싶다." 라는 의도가 있으며, 일을 열심히 하지 않아서 목표를 달성하지 못한 경우에는 "나는 다른 사람들의 동정을 받고 싶다."라는 의도가 있다는 것이다.

이런 심리를 알고 있으면 각종 습관을 교정하는 데 큰 도움이 된다. 가령 술을 줄이고 싶다면 술을 마시는 행동과 관련된 의도 즉 기분이 좋아지고 싶다든가 억눌린 감정을 해소하고 싶은 의도와 비슷한 다른 행동을 해보는 것이다. 가령 기분이 좋아지고 억눌린 감정을 해소하는 운동을 한다든가 코미디 영화를 본다든가 하는 행동을 계속하다 보면 술 마시는 습관이 다른 습관으로 바뀔 수 있다. 그리고 담배를 피우는 습관도 마찬가지로 여유를 즐기고 긴장을 풀 수 있는 다른 행동 이를 테면 낚시라든가 여행과 같은 행동을 반복함으로써 새로운 습관을 만 들어갈 수도 있다.

이 밖에도 NLP에는 모델링, 미러링, 각종 명제 등 실제 상담에서 활 용할만한 요소들을 풍부하게 갖추고 있다.

» NLP는 기억을 재구성하는 데 널리 활용되고 있다.
» 오감테스트를 통해 내담자의 성향 파악,
» 긍정적인 의도를 활용하여 습관 교정.
» NLP의 명제들을 활용하여 내담자의 인식 확대 도모(지도는 영토가 아니다. 등).

06

EFT
– 몸과 마음의 막힌 것을 풀어주다 –

EFT(Emotional Freedom Techniques, 감정자유기법)는 한의학의 경락이론을 응용하여 신체의 특정 타점을 두드리며 수용확언을 반복적으로 말함으로써 몸과 마음의 막힌 기와 감정을 풀어주는 심리치료기법이며, 주요 키워드는 자기수용, 수용확언, 태핑이다. 미국의 게리 크레이그(Gary Craig)가 창안했다.

한의학에서는 사람이 아픈 것을 기(氣)와 혈(血)이 막힌 현상이라고 말한다. 그리고 그 막힌 기와 혈을 풀어주면 병이 낫는다고 주장하며, 기와 혈을 풀어주는 방법으로 침과 뜸을 사용한다. 이것이 몸을 치료하는 방법이다.

반면에 마음이 아픈 것도 마음의 어느 부위가 막혀서 나타나는 현상으로 보고 마음의 막힌 것을 수용확언으로 풀어준다. 마음을 풀어주는 수용확언은 침이나 뜸의 역할을 하는 셈이다.

이 두 가지를 동시에 시행하는 것이 EFT인데, 손가락(검지와 중지)으로 태핑 포인트를 두드리며 입으로 수용확언을 말하는 방식이다.

EFT의 원리

▶타점을 두드림으로써 몸의 막힌 경락을 풀어준다.

▶수용확언을 말함으로써 마음의 막힌 감정을 풀어준다.

사실 EFT의 원리는 단순하다고 볼 수 있다. 손가락으로 타점을 가볍게 두드리며 수용확언을 중얼거리면 되기 때문이다. 하지만 그 효과는 결코 단순하지 않다. 몸과 마음의 막힌 것이 자연스럽게 풀어지면서 기억 속의 고통이 해소되는 효과가 즉각적으로 나타나는 것이 신기할 정도이다.

몸과 마음의 구조

▶몸 - 14경락

▶마음 - 이성 + 감정

몸의 길 _ 경락

▶경락 : 기와 혈의 통로. 인체 내의 경맥과 낙맥을 아울러 이르는 말.

마음의 길 _ 감정

▶감정 : 어떤 현상이나 일에 대하여 일어나는 마음이나 느끼는 기분.

몸과 마음의 막힌 것을 풀다

▶EFT는 자기가 느끼는 감정들, 즉 우울, 불안, 분노, 공포, 열등감, 자책감, 자기비하, 수치심, 억울함, 죄책감 등을 직접 말로 표현함과 동시에 경락을 두드려서 막힌 기를 뚫어주고 부정적인 감정을 해소하는 기법이다.

▶EFT에서는 기본적으로 부정적 감정의 원인은 신체 에너지 시스템의 혼란이라고 전제한다. 또한 부정적 감정은 육체적 증상까지 일으킬 수 있으며, 부정적 사건이 누적되어 부정적 감정이 지속되면 부정적 신념 및 태도를 형성한다고 본다. 따라서 신체 에너지 시스템의 소통을 원활하게 하면 부정적 감정뿐만 아니라 육체적 증상까지 치료되며 신념과 태도도 바뀔 수 있다고 주장한다.

🌿 기억과 감정

▶긍정적 기억은 긍정적 감정을 품고 있다.
▶부정적 기억은 부정적 감정을 품고 있다.

🌿 감정의 종류

▶긍정적 감정 : 즐거움, 애정, 친밀감, 자신감 등
▶부정적 감정 : 분노, 슬픔, 불안, 의심, 외로움 등

태핑

태핑은 특정 타점을 두드리는 것을 말한다. 특정 타점은 경락의 중요한 지점(혈 자리)을 가리키며 우리 몸의 머리끝에서 발끝까지 수백 군데에 흩어져 있다. 하지만 EFT에서는 상반신에 해당하는 타점만을 두드리는데 그것으로도 충분히 효과가 있기 때문이다.

▶ 태핑(타점 두드리기) : 손가락 두 개(검지와 중지)로 태핑 포인트를 각각

5~6회 두드린다.

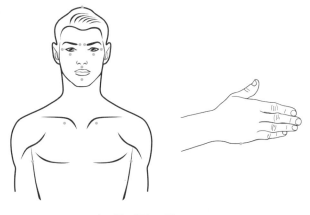

〈그림〉 태핑 포인트

수용확언 만드는 방법

수용확언은 마음의 경락이 막힌 것을 풀어주는 '말로 하는 태핑'이라고 할 수 있다. 수용확언은 현재 내가 겪고 있는 증상을 말하고 이런 내 자신을 인정하고 받아들이는 순서로 하게 된다. 수용확언을 만드는 방법은 다음과 같다.

〈기본문구〉
'나는 비록 ~하지만 이런 내 자신을 있는 그대로 받아들인다.'
'나는 비록 ~하지만 이런 내 자신을 이해하고 있는 그대로 깊이 사랑한다.'
'나는 비록 ~하지만 이런 내 자신을 있는 그대로 인정한다.'
예) "나는 비록 사람들 앞에 서면 지나치게 긴장하지만, 이런 내 자신을 있는 그대로 받아들인다."

〈수용확언(예)〉

"나는 비록 속이 쓰리고 아프지만, 이런 나를 인정하고 있는 그대로 받아들인다."

"나는 비록 지금 몹시 우울하지만, 이런 내 자신을 깊이 사랑한다."

"나는 비록 외모가 예쁘지 않지만, 이런 나를 온전히 받아들이고 이해한다."

🌿 발표공포증이 있는 경우의 수용확언

"나는 사람들 앞에 서면 많이 떨린다. 그렇지만 이런 내 자신을 인정하고 있는 그대로 받아들인다."

🌿 남의 눈치를 자주 보는 경우의 수용확언

"나는 남의 눈치를 자꾸 본다. 그렇지만 이런 내 자신을 깊이 이해하고 있는 그대로 받아들인다."

다른 경우에도 이와 같은 방법으로 수용확언을 만들어서 말하면 된다. 즉 증상을 먼저 말하고 이런 증상을 갖고 있지만 이것이 내 자신임을 인정하고 받아들이기로 선택한다는 것을 말로 표현한다.

태핑과 수용확언은 동시에 하는 것이 원칙이다.

🌿 확언과 연상어

▶분노 – 약오름

▶억울 – 원통함, 분함

▶슬픔 – 허전함

▶불안 – 초조함

🍃 증상과 욕구 및 감정과의 관계

▶병, 아픈 것 : 관심, 애정에 대한 욕구

▶중독 : 쾌락, 현실도피, 초현실, 낭만적, 이상주의

▶폭력 : 분노, 불안, 공포 등

🍃 수용 확언의 중요성 _ 모든 치료는 자신의 병을 인정하고 받아들이는 데서 시작된다

K씨는 최근에 몸이 자주 아파서 병원을 찾았다. 그런데 뜻밖에도 '암'이라는 진단을 받았다. 이럴 때 K씨가 보여주는 반응은 크게 두 가지가 있을 수 있다. 하나는 그 진단 결과를 받아들이는 것이고, 다른 하나는 진단 결과를 부정하는 것이다.

사실 이럴 경우에 진단 결과를 순순히 받아들이기란 결코 쉽지 않다. 대개는 부정하고 싶어한다. 그래서 다른 병원을 몇 군데 더 들러서 확인하는 과정을 거친다. 이 과정에서 아예 병원과 의사를 믿지 않고 '오진'이라고 밀어붙이는 경우도 있다. 그리고 자신은 아무 일도 없었다는 듯이 평소대로 살아가다가 병이 깊어지고 나서야 다시 병원을 찾는 환자도 드물지 않다.

하지만 한 가지 분명한 것은, 자신의 병을 인정하고 받아들이는 데서 치료가 시작된다는 것이다.

심리증상도 마찬가지다. 만약 내가 강박 증세가 심하다면 또는 열등감이나 사회공포증이 심하다면 우선 이 사실을 인정하고 받아들이는 것이 치료의 첫 단계에 속한다. EFT의 수용확언은 바로 치료의 첫 단계이자 가장 중요한 과정인 자신의 현재 상태를 인정하고 받아들이는 방법이다. 일단 내가 나를 인정하고 받아들이게 되면 그 다음부터는 심리적 저항이 현저하게 줄어든다. 그리고 다른 문제에 대해서도 수용할 수 있는 바탕이 마련되는 것이다.

나는 EFT의 수용확언을 말할 때 가장 중요하게 여기는 포인트를 내담자들에게 이렇게 설명한다.

"어떤 말은 내게 와 닿고 어떤 말은 내게 거부감을 느끼게 합니다. 내게 와 닿는 것은 솔직한 말입니다. 제 경우를 예로 들자면, 저는 소심한 사람입니다. 그리고 저는 겁이 많은 사람이고 감정조절이 어렵습니다. 또한 저는 탐욕스럽고 거만한 사람을 극도로 싫어하고 늘 남의 눈치를 보는 피해망상 증세가 심합니다. 저는 열등감도 심하고 남에게 지기 싫어하지만 이길 자신도 없습니다. 그리고 남들이 내가 이런 사람인 것을 알게 될까 봐 항상 불안합니다.

저는 태핑을 하면서 이런 말들을 중얼거립니다. 그리하면 제 마음이 편안해집니다. 하지만 제가 대범한 사람이라느니 겁이 없고 남들이 나를 어떻게 생각하든 전혀 신경이 안 쓰인다든지 하는 말은 제 가슴에 와 닿지도 않고 오히려 마음이 불편해집니다.

그렇기에 수용확언은 자신의 가슴에 와닿는 말을 솔직하게 함으로써 뭉쳐진 감정을 풀어내는 가장 쉬운 방법입니다."

그렇다. 세상의 어떤 문제도 내가 인정하고 받아들이면 풀리게 된다. 수용확언은 내가 스스로 받아들일 수 있는 말, 그 말을 하는 것이다. 그래서 수용확언은 자기성찰을 통해 자신의 왜곡된 관념을 깨닫고, 부정적인 마법에 걸린 자신을 치유하고 자유롭게 하는 매우 효과적인 수단인 것이다.

EFT의 기본과정

EFT는 기본적으로 다음과 같은 7단계의 과정으로 진행된다.

1. 문제를 확인하고 SUD(주관적 고통지수)를 측정한다.
2. 수용확언을 만든다.
3. 수용확언을 말하면서 손날 타점을 두드린다.
4. 연상 어구를 반복적으로 말하면서 타점을 연속적으로 두드린다.
5. 뇌를 조율한다.
6. SUD를 다시 측정한다.
7. SUD가 현저하게 낮아질 때까지 1~6 과정을 반복한다.

이 과정을 좀 더 쉽게 설명하자면 이렇다.

먼저 자신의 문제가 무엇인지 확인한다. 가령 임용 시험을 망친 데 대해 자책감과 좌절감이 느껴진다면 그것이 문제라고 할 수 있다. 그 다음에는 아픈 정도를 점수로 매긴다. 즉 자신이 느끼는 주관적인 고통지수(SUD)를 수치화하는 것이다. 이때 수치는 0~10 사이에서 가장 적절한 숫자를 정하는 것이 원칙이다. 그 다음에는 자신이 고통을 느끼는 문제에 맞는 수용확언을 만든다. 예를 들면 "나는 임용 시험을 망친 걸 생각하면 자책감과 좌절감이 느껴지지만 이런 내 자신을 이해하고 있는 그대로 받아들인다." 또는 "나는 배가 아프지만 이런 내 자신을 인정하고 깊이 사랑한다." 등으로 자신의 고통의 문제를 인정하고 받아들이는 문장을 만드는 것이다. 그 다음에는 그렇게 만든 문장을 말하면서 손날의 타점을 두드린다. 손날은 좌우의 어느 쪽이라도 상관없다. 이것을 3번 반복하는데 수용확언을 3번 말하면서 손날 타점을 두드리면 된다. 그 다음에는 수용확언과 관련된 연상 어구(예: 좌절감, 열등감, 두려움 등)를 반복적으로 말하면서 머리와 얼굴, 가슴 부위의 타점을 연속적으로 두드린다. 이때는 타점마다 5~6회씩 두드리면 된다. 그 다음에는 뇌를 조율하는데 이때는 머리를 움직이지 않고 눈을 오른쪽 아래와 왼쪽 아래를 바라보다가 눈동자를 시계 방향과 시계 반대 방향으로 크게 돌리는 것이 그 방법이다. 그리고 2~3초가량 콧노래를 흥얼거리다가 1에서 5까지 숫자를 센 다음 다시 2~3초가량 콧노래를 흥얼거린다. 그 다음에는 자신이 느끼는 주관적 고통지수(SUD)를 다시 측정한다. 만약 주관적 고통지수(SUD)가 0까지 내려가지 않았다면 그렇게 될 때까지 이 과정을 처음부터 끝까지 반복하여 시행한다.

트라우마 치유와
자기계발을 위한 심리멘토링

실제 상담에서의 활용방법

나는 실제로 상담 현장에서 EFT를 자주 활용한다. 대개는 초기상담 이후에 EFT를 실시하는데 내담자에게 태핑 포인트와 태핑하는 방법을 알려주고 수용확언을 만드는 방법도 알려준다. 그리고 내가 먼저 시범을 보이고 내담자와 함께 EFT를 실행한다.

"나는 비록 사람들 앞에 서면 지나치게 긴장하지만 이런 내 자신을 인정하고 있는 그대로 받아들인다."

"나는 비록 키가 작고 뚱뚱하지만 이런 내 자신을 온전히 받아들이고 사랑한다."

이렇게 수용확언과 태핑을 하다 보면 자신의 증상에 대한 통찰력이 깊어지고 경직된 자아가 유연해지면서 자기 자신을 있는 그대로 받아들이는 힘이 커지게 된다. 무엇보다 내담자들의 자기수용 의지가 강해지고 마음의 문을 쉽게 열 수 있다는 것이 EFT의 특장점이라 할 수 있다.

사실 EFT는 그 자체로 심리치료를 할 수 있도록 창안되었다. 그래서 EFT의 원리를 잘 이해한다면 혼자서도 쉽게 실천할 수 있다. 하지만 수용확언을 자신의 증상과 치료에 맞게 만든다든가 증상과 연결된 다른 기억을 찾는 것은 전문가의 도움을 받는 것이 훨씬 효과적이다.

상담자가 실제 상담 과정에서 다른 기법들과 병행하여 EFT를 활용할 수 있다면 상담의 효율성은 당연히 높아진다.

» EFT는 몸과 마음의 막힌 것을 풀어주고 순환이 잘 되도록 하는 데 널리 활용된다.
» 내담자의 증상 확인.
» 수용확언 만들기.
» 태핑을 하면서 수용확언 말하기.
» SUD(주관적 고통지수) 측정.
» SUD(주관적 고통지수)가 현저하게 낮아질 때까지 EFT 반복하기.

트라우마 치유와
자기계발을 위한 심리멘토링

07
. . .

EMDR

EMDR(Eye Movement Desensitization and Reprocessing, 안구운동 민감 소실 및 재처리 요법)은 과거의 나쁜 기억을 떠올리며 안구를 좌, 우로 움직임으로써 외상 후 스트레스 장애를 치료하는 기법이며, 핵심적인 키워드는 수평안구운동, 양측성 자극, 기억의 재처리이다.

EMDR은 1987년 미국의 프랜신 샤피로(Francine Shapiro) 박사에 의해 개발되었다. 그 당시 샤피로 박사는 여러 가지 고민을 하면서 공원을 산책하다가 우연히 눈을 좌우로 빨리 움직이다 보니 부정적이고 기분 나쁜 생각들이 사라지는 경험을 하게 되면서 이 방법을 연구하게 되었다고 알려져 있다.

EMDR은 월남전에 참전했던 병사들의 정신적인 후유증을 획기적으로 치유하면서 외상 후 스트레스 장애에 확실한 효과가 입증되었고, 현재는 외상 후 스트레스 장애를 치료하는데 가장 탁월한 기법으로 자리매김하기에 이르렀다.

EMDR의 원리

우리가 어떤 충격적인 사건이나 사고(전쟁, 교통사고, 성폭행 등)를 겪게 되면 그런 경험이 우리 뇌의 정보처리체계를 교란시킨다. 이럴 때 그 당사자가 그러한 고통스러운 기억을 떠올리면서 동시에 안구운동과 같은 양측성 자극을 통해 뇌의 정보처리 시스템을 활성화해서 기억의 처리가 다시 일어나도록 하는 것이 EMDR의 원리이다. EMDR은 중요한 정보나 고통스러운 기억을 없애거나 지우는 것이 아니라 기억의 재처리를 통해 중요한 정보들이 긍정적으로 통합되면서 안정적이고 편안한 상태로 돌아올 수 있게 한다.

EMDR은 내담자에게 고통스러운 기억, 이미지, 감각, 사건들을 떠올리게 하여 거기에 집중하게 한 다음 심리상담사가 환자의 얼굴 앞에서 손가락을 왼쪽, 오른쪽으로 움직여 환자가 그 움직임을 따라 눈알을 굴리게 한다. 그러면 좌뇌와 우뇌가 상호작용을 하면서 활성화되고, 촉각, 청각, 시각에 자극을 주게 된다. 이런 과정을 통해 그 고통을 해소하고 분열된 자신을 통합하게 되면서 긍정적 정서와 사고로 연결되어 치료 효과가 나타나게 되는 것이다.

활용 방법

EMDR은 장비를 통해 혼자서 할 수 있는 방법과 전문가의 도움을 받아서 하는 방법이 있다. EMDR을 혼자서 하는 경우(장비 사용 시)의 자가 운동 매뉴얼은 다음과 같다.

1. 컴퓨터 화면을 〈전체화면〉으로 해놓은 상태에서 이어폰을 낀다.(이어폰을 통해 안내 멘트가 나오면 그대로 따라 하면 된다.)
2. 처음 30초간 머리를 움직이지 않고, 눈동자만 화면 속의 공을 따라 움직여 준다.
3. 공을 눈으로 따라가면서 자신의 부정적 감정을 떠올려 본다.
4. 눈을 뜨고 계속 안구운동을 해도 괜찮고, 중간에 눈을 감고 소리에만 집중해도 괜찮다.
5. 영상이 끝나면 눈을 감은 상태에서 자신의 상태를 얼마간 더 느껴 보아도 된다.

이것을 20~30분가량 하게 되면 부정적인 기억과 연관된 감정이 상당히 가라앉는 것을 느낄 수 있다.

그리고 전문가의 도움을 받아서 EMDR을 하는 경우에는 전문가가 손가락을 좌우로 움직이고 내담자는 그 손가락을 따라 눈동자를 움직이게 되는데 전문가의 지도에 따르면 과거의 기억을 떠올리고 피드백을 받기가 훨씬 쉽다. 그래서 혼자서 장비를 사용할 때보다 치료 효과도 더욱 높아질 수 있다.

나는 상담 진행 과정에서 내담자와 함께 EMDR을 자주 실행한다. 굳이 장비를 사용하지 않아도 EMDR의 원리를 잘 이해한다면 얼마든지 활용이 가능하다. 나는 내담자에게 머리를 움직이지 말고 눈동자를 좌우로 움직여보라고 주문한다. 딱히 외상후 스트레스 장애를 갖고 있지 않다고 하더라도 내담자가 피로하거나 스트레스가 쌓였을 때, 마음이 불편하고 초조할 때, 나쁜 기억을 지우고 싶을 때 수평안구운동을 하는 것만으로도 상당한 효과를 느낄 수 있다.

» EMDR은 부정적인 감정을 해소시키는 데 널리 활용된다.
» 수평 안구운동을 통한 감정 중화.
» 외상 후 스트레스 장애에 적용 - 증상의 개선 및 치료.

트라우마 치유와
자기계발을 위한 심리멘토링

08

뉴로피드백

　뉴로피드백은 뇌파 측정 장비를 활용하여 뇌파의 자극을 통해 뇌 신경 네트워크를 활성화하는 뇌 훈련 기법이며, 주요 키워드는 특정 뇌파의 활성화를 통한 집중력 향상, 심신 이완, 자신감 증진 등이다.

　근래에 들어 뇌에 대한 연구가 활발하게 진행되고 있다. 뇌가 우리의 신체는 물론 감정과 기분, 이성적인 모든 활동을 관장하는 인체의 가장 중요한 기관임은 이미 오래전에 입증된 사실이다. 그리고 간질, 치매, 알츠하이머와 같은 증상이 뇌의 특정 부위의 손상 때문이라는 것도 익히 잘 알려진 사실에 속한다. 그래서 뇌의 기능적인 문제로 인해 고통받는 환자들을 위한 치료방법에 대한 연구도 다양하게 진행되고 그로 인해 뇌질환의 치료도 점점 쉬워지는 양상이 나타나고 있다.

　더욱이 최근에는 뇌의 특정 부위를 활성화함으로써 그 부위의 기능이 향상되고 그것이 치료뿐만 아니라 인간의 활동 전반에 긍정적인 영향이 생성된다는데 착안하여 이에 대한 연구가 활발하게 진행되고 있기도 하다. 뉴로피드백은 그런 연구의 결과로 만들어진 기법이다.

　뇌는 수많은 신경조직망으로 연결되어 있다. 뇌의 신경조직인 뉴런으로 연결된 시냅스는 우리의 생각이나 감정에 반응하는데 그것은 뇌파의 변동을 통해 알 수 있다. 우리의 마음이 편안한 상태에서는 델타파, 쉐타파, 알파파와 같은 비교적 느린 파장의 뇌파가 활성화되고 베타파와 감마파와 같이 빠른 파장의 뇌파는 우리의 마음이 불안정할 때 활성화된다.

뉴로피드백은 느린 파장의 뇌파를 활성화시키는 훈련을 함으로써 우리의 마음의 평화와 집중력 향상이 자연스럽게 이루어지도록 도와주는 프로그램이라 할 수 있다. 다만 인지작용과 주의각성상태의 강화를 위해서는 빠른 파장의 감마파를 활성화시키는 훈련을 적절하게 활용하기도 한다.

뉴로피드백은 뇌파 측정을 하기 위한 헤어밴드와 컴퓨터 프로그램을 연결해서 뇌를 훈련하는 것이 특징이다.

체험자는 머리에 헤어밴드를 착용하고 모니터를 보면서 활쏘기, 자동차 운전, 스푼 구부리기 등을 게임처럼 하게 된다. 그래서 점수가 높게 나오면 집중력이 좋은 상태라고 보고 점수가 낮게 나오면 집중력이 저하된 상태로 간주해서 그 훈련을 반복하는 것이다. 그렇게 하다 보면 자연스럽게 집중력이 높아지는 것을 체험할 수 있다.

뇌파와 호흡, 심장박동의 상관관계

우리의 마음이 편안할 때는 뇌파가 느리게 흐른다. 그리고 호흡도 느려지고 심장박동도 느려진다. 반면에 우리가 흥분하거나 화를 낼 때는 뇌파와 호흡, 심장박동이 동시에 빨라진다. 이것은 우리의 감정에 반응하는 신체의 특성이다. 또한 우리의 감정 상태에 따라 신체 내의 호르몬 분비도 영향을 받는다.

우리가 뇌파나 심장박동을 의도적으로 조절하기는 어렵다. 하지만 호흡은 우리의 의도적 노력에 따라 조절할 수 있다. 그래서 오래전부터 마음을 안정시키는 호흡법을 연구하는 사람들이 생겨나고 그들은 자신들의 호흡법을 제자들에게 가르쳐왔다. 하지만 현재에 이르러서는 뇌파도 호흡처럼 조절하는 방법이 개발되고 있고 실제로 뉴로피드백을 위한 장비를 사용하면 뇌파 조절이 가능한 시대에 접어들었다.

이런 방식은 학생들의 학습능력향상을 목적으로 만들어진 '뇌파학습기'가 유행하는 현상을 불러일으키는 요인이기도 하다. 현재 시중에는 '뇌파학습기'가 다양하게 제조되어 판매되고 있는데 이런 '뇌파학습기'는 주로 집중력과 관련된 알파파를 활성화시키는 기능을 한다.

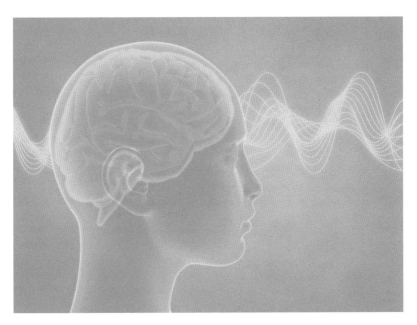

뇌는 인류의 마지막 비밀로 불릴 만큼 아직도 많은 부분이 베일에 싸여있다. 하지만 뇌의 부위별로 기능을 달리하는 메커니즘이 속속 드러나고 뇌를 개발하려는 인간의 의지가 매우 강하기 때문에 뇌의 실체가 밝혀지는 속도도 더욱 빨라지고 있다. 그리고 이런 추세대로라면 머지않아 우리의 감정을 자유자재로 조절하는 기능을 뇌 훈련장비가 대신하게 될 것으로 예상해 볼 수 있다. 그래서 아프면 약을 먹듯이 마음이 불편하면 언제라도 뇌 훈련을 하는 시대를 우리는 곧 맞이하게 될지도 모른다.

» 뉴로피드백은 ADHD 증상의 개선과 치료에 널리 활용된다.
» 뇌기능분석을 통한 뇌파의 안정성 탐색.
» 집중력 향상 프로그램을 활용하여 학습능력 신장 도모.

09
...
명상테라피

명상은 호흡조절과 심신의 이완을 통해 삶의 통찰력과 직관력, 집중력을 향상시키는 기법이며, 주요 키워드는 호흡, 자기성찰, 깨달음이다.

명상은 동양에서는 도(道)의 개념으로 해석한다. 명상을 통해 깨달음을 얻는 수행 과정으로 보는 것이다. 그러나 서양에서는 '명상'을 치료의 개념으로 받아들인다. '명상'의 영어표기인 Meditation은 라틴어의 Medicine(약. 의학)과 같은 어원을 갖고 있다. 그래서 Meditation 즉 명상은 "치료하다." 라는 의미를 지니고 있다.

명상하는 방법은 동양과 서양이 조금씩 다르고 또한 한국, 중국, 인도 등 국가마다 차이가 있지만, 명상의 원리는 거의 같다고 볼 수 있다. 즉 어떤 명상법이든 가장 중요하게 여기는 것은 호흡이라는 점이다. 그래서 명상을 배우고자 하는 사람은 맨 먼저 호흡법을 익히게 된다.

마음은 호흡으로 안정시킨다

　호흡을 천천히 하게 되면 마음이 안정되고 우리의 의식이 확장된다. 그리고 호흡이 더욱 길어지면 우리의 무의식이 열리면서 초현실적인 체험을 하게 되는 단계에 이른다. 다시 말해, 현실적인 문제에서 벗어나서 우리의 감각이 명료해지고 고요하고 편안한 우주적 상태에 이르게 되는 것이다. 이러한 상태에서는 세상의 모든 것이 밝고 긍정적인 색채를 띠게 된다. 또한 때때로 황홀경에 휩싸이기도 한다. 이런 경지에 이르게 되면 자신이 가진 마음의 상처들도 아주 사소하게 여겨질 뿐만 아니라 객관적으로 그 문제를 바라보는 안목이 커지면서 해결의 영감까지 얻을 수 있다.

　명상은 직관력, 통찰력, 자기조절능력을 향상시키는 탁월한 훈련법이다. 아울러 명상을 통해 마음의 병을 치유할 수 있는 영감을 얻고 삶의 진정한 의미를 깨달을 수도 있다.

호흡은 가늘고 길게

　우리가 살아있다는 것은 숨을 쉬기 때문이다. 즉 생명은 호흡으로 유지된다는 뜻이다. 인간을 비롯한 모든 동, 식물들은 한시도 숨을 쉬지 않고는 살아갈 수가 없다. 밥은 하루를 먹지 않아도 살 수 있지만 숨을 하루 동안 쉬지 않고는 아무도 살 수 없다. 그만큼 호흡은 중요하고 생명 유지의 필수불가결한 요소라 할 수 있다.

트라우마 치유와
자기계발을 위한 심리멘토링

명상에서 가장 중요하게 다루어야 할 부분도 호흡이다. 그래서 앞서 말한대로, 명상수련원이나 단전호흡센터에 가면 가장 먼저 호흡법을 가르친다. 가령 어떤 자세에서 몇 초 동안 숨을 들이마시고 몇 초 동안 숨을 내쉬어야 한다는 식이다. 그래서 수강생들은 가부좌를 틀고 앉아 잔잔한 음악이 흐르는 가운데 눈을 지그시 감고 호흡훈련을 한다.

그런데 곧 싫증을 내고 중도에 포기하는 경우가 자주 발생한다. 그 원인은 호흡법이 너무 복잡하고 어렵기 때문이다. 그곳에서 가르치는 것은 정형화된 틀이 있고 그 틀에서 벗어나는 것을 허용하지 않는다. 그리고 그 단계 또한 너무 길고 지루하다. 실제로 그런 곳에 가보신 분들은 알겠지만 웬만한 끈기로는 견뎌내기가 힘들다.

하지만 나는 간단명료하게 설명한다. "호흡은 가늘고 길게 하라." 이것이 핵심이다. 이 말은 숨을 천천히 들이마시고 천천히 내쉬라는 것이다.

현대인들의 호흡은 대개 거칠고 급하다. 그런데 이런 호흡은 불안정하기 때문에 육체적으로나 정신적으로 매우 해롭다. 가장 바람직한 호흡은 복식호흡이며 이것을 단전호흡이라고도 한다. 이것은 가슴이 아니라 아랫배로 숨을 쉰다는 의미인데 이 원리를 체득하게 되면 누구나 쉽게 할 수 있는 호흡법이다. 그리고 그렇게 호흡을 해야 온몸의 긴장이 풀리고 마음이 안정되는 효과를 얻을 수 있다. 나는 이 원리를 알아듣기 쉽게 "마음은 호흡으로 안정시킨다."라고 설명한다. 그리고 호흡의 원칙도 "천천히 그리고 느리게"라고 간단하고 이해하기 쉽게 말해준다. 시중의 기공수련원이나 요가센터에 가보면 다양한 호흡법을 소개하는데 실상은 너무 어렵고 복잡해서 알아듣기 힘들다. 그래서 쉽게 지치게 되는 것이다.

사람은 편안한 자세로 앉거나 누워서 천천히 숨을 들이마시고 내쉬다 보면 저절로 호흡이 길어지고 깊어지며 우주의 좋은 기운을 받아들일 수 있다. 그렇게 천천히 호흡을 하다 보면 우리의 뇌파도 따라서 느려짐을 느낄 수 있다. 즉 델타파, 쉐타파, 알파파와 같은 평온한 상태의 뇌파로 접어들게 되는 것이다. 그리고 호흡이 더 깊고 길어지게 되면 환상적이고 신비한 느낌과 만나게 된다. 그 상태에서는 평소에는 전혀 생각하지도 못했던 영감이나 각종 기발한 아이디어가 연이어 떠오르기도 한다. 우리의 잠재의식이 그만큼 활성화되기 때문이다.

그런 점에서 명상은 안정적인 호흡을 통해 심신의 건강 증진은 물론 우리의 생각을 긍정적으로 변화시키는 데 매우 유익한 기능을 한다고 볼 수 있다.

명상 중에 만난 예수

나는 지금까지 약 30년 동안 명상을 하고 있다. 내가 명상을 하게 된 동기는, 마음을 다스리고 싶은 욕구와 내 존재에 대한 근원적인 의문 즉 "나는 누구이며 어디서 와서 어디로 가는가?"에 대한 답을 찾고 싶었기 때문이다. 그래서 불교는 물론 명상과 관련된 책과 세상의 온갖 경전을 읽고 명상을 하면서 내 나름대로 깨달음을 얻기 위해 열심히 노력했다. 그러다가 지난 2005년도에 나는 뜻밖에도 명상하는 도중에 예수를 만났다. 그것은 내가 전혀 예상하지 못했던 충격적인 사건(?)이었다. 나는 그전까지 기독교에 대해 심한 거부감을 느끼고 있었기 때문이다.

그 당시에 나는 "인간은 왜 고통 속에서 살아야 하는가?"라는 주제로 명상을 하고 있었다. 그전까지 나는 그 문제에 대한 답을 소위 불교에서 말하는 '업(業, 카르마 Karma)'에서 찾았다고 생각했다. '업'이란 말 그대로 내가 지은 죄 값을 내가 받는다는 것이며, 당시의 나는 이것이야말로 참으로 명쾌하고 분명한 진리라고 여겼다. 내가 지은 죄의 대가(代價)를 내가 돌려받으니까 억울할 것도 없고 공평하며 참으로 합리적이라는 생각이 들었기 때문이다. 그런데 한 가지 의문은 여전히 남아 있었다. 세상에서는 자연재해(지진, 홍수 등)나 각종 사고로 인해 같은 날 같은 시각에 동시에 수많은 사람이 죽는 경우가 종종 발생하는데, 불교적으로 해석하자면 그것은 그들이 모두 같은 '업'을 가지고 있다는 의미가 된다. 과연 그럴 수 있을까? 나는 생각이 거기까지 이르자 또다시 혼란스러워졌다. 그리고 그것은 도저히 이해가 되질 않았다. 그렇다면 왜 그런 경우가 생기는 걸까?

그런데 어느 순간, 갑자기 내 머릿속에서 '번제'라는 말이 떠올랐다. '번제'는 구약시대에 사람의 죄 값을 양이나 염소와 같은 다른 동물이 대신 받는 의식을 말한다. 우리가 흔히 '속죄양'이라고 부르는 것은 '번제물'이다.

왜인지는 모르겠지만 '번제'라는 그 말이 내 뇌리를 스쳐 지나가는 순간, 내게는 그전까지의 모든 의문이 눈 녹듯이 사라지는 느낌이 들었다. 그리고 그와 동시에 내 앞에 선명하게 떠오르는 모습이 있었다. 바로 예수 그리스도! 그 분이었다. 예수 그리스도는 참으로 거룩한 눈빛으로 나를 바라보고 계셨다. 그리고 내게로 천천히 다가오면서 이렇게 말씀하셨다. 인간이 겪는 모든 고통은 '죄' 때문이며, 이 세상 모든 사람과 나의 죄 값도 예수님이 대신 받으셨다고.

그 말씀을 들으면서 나는 감격에 젖어 눈물을 흘렸다. 하염없이 울고 또 울었다. "그렇구나. 나도 죄인이구나. 나는 매우 양심적인 사람이고 정의롭고 선한 척하지만 알고 보면 내 안에 죄가 가득하구나…"라는 사실을 숨길 수 없었다. 아울러 내가 지은 죄로 인해 다른 누군가가 대신 죽을 수도 있으며, 그것이 바로 '번제물'이라는 것을 새삼 깨달았다. 예수님은 가장 크신 '대속물'이라는 놀라운 사실을.

나는 지금도 그 순간을 잊지 않고 있다. 아니 잊을 수가 없다. 예수님과의 만남으로 인해 내가 그토록 찾아 헤맨 모든 의문이 일시에 사라졌다는 것보다 나를 대신하여 십자가에서 못 박혀 돌아가신 예수님의 그 고결한 희생과 사랑에 대한 감동과 감사가 나를 압도했기 때문이다. 그것은 내 인생에 있어서 가장 큰 축복이었다.

오해하지 말라. 나는 불교를 폄하할 생각이 조금도 없다. 나 역시도 불교에 상당히 오랫동안 심취했었고, 지금도 관심을 많이 가지고 있다. 특히 불교는 마음을 다스리는 데 있어서 탁월한 기능을 한다고 나는 늘 주장한다. 그래서 나는 기독교인들에게는 불교에 대해서 무조건 비판만 하지 말고 알고자 노력하라고 권면하고, 불자들에게는 기독교를 무조건 배타적이라고 치부하지 말고 제대로 알아보기를 권면한다.

트라우마 치유와
자기계발을 위한 심리멘토링

그 후 교회에 다니기 시작하면서 나는 그동안 수련했던 '명상'이 기독교와도 상당히 관련이 깊다는 사실을 알게 되었다. '명상'이라고 하면 흔히 불교나 요가나 단전호흡을 연상하기 쉽다. 그런데 사실 '명상'은 기독교와 더욱 가깝다. 기독교에서의 묵상이나 기도나 QT를 하는 것이 '명상'을 하는 것과 전혀 다를 바 없다. 다만 그 대상이 하나님이냐 아니냐의 차이가 있을 뿐이다.

나는 그 사실을 알게 되면서 '기독교적인 명상법'을 연구하기 시작했고 2006년부터 지금까지 내가 다니는 교회에서 한 달에 한 차례씩 교인들을 대상으로 기독교적인 명상법을 강의해오고 있다.

한편 성경에는 하나님께서 인간을 지으시고 '생기' 곧 '호흡'을 불어넣었을 때 "생령이 되었다."(창세기 2장 7절)라고 기록되어 있다. 나는 이 사실을 알고 나서 너무나 신기하다는 생각이 들었다. 사람은 하나님으로부터 '숨'을 부여받은 존재이고 바로 그 '숨'으로 인간이 하나님과 연결되어 있다는 사실을 깨닫게 되었기 때문이다. 그리고 성경의 모든 말씀이 살아계신 하나님의 '호흡'으로 우리에게 전달되는 것을 느낄 수도 있었다. 그래서 나는 목사님들의 설교나 기도나 묵상이나 QT와 같은 교회의 모든 행사가 넓은 의미에서는 모두가 '명상'이라고 생각한다.

딱히 기독교인이 아니더라도 자신과 타인을 위해 꾸준히 기도하고 명상을 하게 되면 누구나 우주의 투명한 에너지를 흡수하게 되고 삶도 긍정적으로 바뀔 수 있다. 그래서 나는 내담자들에게 명상을 이해하기 쉽게 설명하고 내가 명상을 하면서 느끼고 깨달은 체험담을 자주 들려

준다. 그리고 실제로 상담 과정에서 명상 체험을 함으로써 놀랍도록 밝게 변화하는 내담자들의 모습을 보면서 보람과 감사를 자주 느낀다.

내가 실제 상담에서 주로 활용하는 명상 기법은 '바라보기', '느껴보기', '흘려보내기', '걷기명상' 등이다.

파동의 법칙

모든 생명체는 고유한 자신만의 파동을 지니고 있다. 파동은 우주와 내가 교감을 주고받는 신호이며, 그 신호에 의해 나의 삶의 방향이 진행되는 것을 말한다. 이러한 파동은 에너지의 발산이라고 설명되어 질 수도 있는데, 생명의 특징은 에너지를 지니고 있다는 말과도 연관 지어 이해할 수 있는 대목이다.

생명은 에너지를 지닌 존재이며, 그 에너지가 발산되는 것이 바로 파동으로 나타나는 것이다. 그리고 그 파동은 인력을 지님으로써 세상 만물과의 교감이 가능하다.

세상 만물은 서로 대칭되는 구조를 지니고 있다. 하늘과 땅, 산과 바다, 그리고 남과 여 등이 그것인데, 그것들은 원래 하나였다가 어떤 힘으로 음과 양으로 나누어졌기 때문에 다시 합쳐지려는 의식이 본능적으로 작용한다는 해석이 가능하다. 모든 생명은 그 자체로서 완전한 존재이지만, 동시에 불완전한 존재이기도 하다.

불완전한 생명체가 완전해지기 위해서는 그 존재에 상응하는 짝을 찾아야 한다. 인간의 경우, 남자는 여자를 찾아야 하고 여자는 또한

트라우마 치유와
자기계발을 위한 심리멘토링

자신의 짝인 남자를 찾아야 한다. 그래서 서로가 하나로 결합할 때 비로소 완전해질 수 있는 것이다.

이것은 어느 동물의 경우에도 예외가 될 수 없는 일이다. 물론 암수 동체인 생물체도 존재하긴 하지만, 그것 역시 암컷과 수컷의 성질은 간직하고 있으므로 마찬가지의 해석이 가능하다.(이런 현상을 잘 살펴보면, 생명은 원래 하나였음을 이해할 수 있다.) 그리고 그 힘은 무의식적인 본능의 발로라 할 수 있다.

그런데 한 가지 재미있는 것은 그 끌어당기는 힘이 아무에게나 작용하지는 않는다는 점이다. 남녀 간에도 유독 끌리는 상대가 있는가 하면, 도무지 쳐다보기도 싫은 상대도 존재한다. 그 차이는 무엇 때문일까.

다시 이야기를 앞의 내용과 연결해보자. 암수가 서로 끌리는 것은 당연한 일이며, 그것은 마치 자석의 N극과 S극이 서로 끌어당기는 것과 같은 이치이다. 그리고 다수의 무리 중에서 유난히 관심이 집중되는 상대가 있기 마련인데, 그것은 서로의 파장이 비슷하기 때문이다.

아무리 이성 간이라 하더라도 자신의 파장과 비슷하지 않으면 인력이 크게 발생하지 않는다. 반면에 서로의 파장이 일치하거나 비슷한 경우에는 에너지가 상호작용을 일으켜 강한 접착력을 생성한다.

이러한 현상을 동양학적으로는 기와 기가 서로 통한다고 해석한다. 기는 우주 만물을 움직이는 힘의 원천이며, 세상만사가 기의 지배를 받으므로 만나고 헤어지는 일 또한 기의 작용으로 이루어진다는 것이다. 이 말은 '파동이 곧 기의 운행'이라는 뜻이다.

우주는 '파동의 법칙'에 따라 움직인다. 서로 같거나 비슷한 파동을 가진 것끼리는 끌어당기고, 그렇지 않은 것들은 서로 밀어내는 것이 바로 '파동의 법칙'이다. 주파수가 잘 맞아야 선명한 음질이 생겨나듯 파동이 잘 맞아야 서로 화합할 수 있다.

이러한 '파동의 법칙'을 잘 이해하게 되면 세상의 무수한 만남이 결코 우연이 아니라 이질성과 동질성의 집합이라는 사실을 알게 되고, 더욱 좋은 에너지를 스스로 개발함으로써 더 좋은 만남을 더 많이 이루어지게 할 수도 있다.

자신의 기를 좋은 방향으로 전환하기란 그리 어렵지 않다. 기는 노력 여하에 따라 얼마든지 변화시킬 수 있기 때문이다. 이 부분은 과학적인 실험에 의해서도 입증된 바 있다.

트라우마 치유와
자기계발을 위한 심리멘토링

스트레스를 받는 정도에 따른 신체 온도의 변화를 알아보는 실험에서 스트레스가 심한 상태에서 어깨와 등 부위의 온도가 그렇지 않을 때보다 더 높게 나타났는가 하면, 명상 상태에서의 뇌파는 평상시보다 훨씬 안정된 모습을 보인 것이 그런 예에 속한다. 이러한 원리를 잘 활용하면 자신의 몸의 기운이나 파장을 좋은 쪽으로 변화시킬 수 있다.

'동질성의 원리'에 따라 좋은 만남이 이루어지게 되면 우리의 삶 또한 자연스럽게 그런 방향으로 변화한다. 그것은 제대로 된 기도나 명상으로 가능하다.

나는 내담자들에게 이 방법을 자주 권한다. 세상과 타인을 위해 꾸준히 기도하고 명상을 하게 되면 누구나 긍정적인 에너지를 흡수하게 되고 자신의 삶도 긍정적으로 변화하는 것을 느낄 수 있다. 그것이 바로 '좋은 만남' 그 자체이기 때문이다.

> » 명상은 마음의 안정과 자기성찰에 널리 활용되고 있다.
> » 호흡을 통한 긴장 해소.
> » 긍정적이고 안정적인 기운을 흡수함으로써 심신의 건강 증진 도모.

10
· · ·

가족세우기
– 운명의 퍼즐을 맞추다 –

가족세우기는 독일의 버트 힐링거 박사가 창안한 기법이며, 주요 키워드는 사랑의 질서, 운명 존중, 책임 돌려주기, 진실과 스토리, 내면 진술문장, 해결진술문장 등이다.

가족세우기는 기본적으로 가족 간의 왜곡된 질서로 인해 모든 불행이 생성된다고 전제한다. 자녀의 심리적인 불안정은 부모가 불안정하기 때문이고 그 부모가 불안정한 것은 그 부모의 부모 즉 조부모가 불안정하기 때문이라는 것이다. 그래서 자녀의 부모가 편안해지면 그 자녀도 편안해지는데 부모가 불안정한 이유는 조부모가 불안정한 것과 부부 사이에 자녀와 관련된 문제 이를테면 낙태라든가 입양 등의 문제가 있을 수 있고 결혼 전에 만나서 연애했던 상대방과의 관계가 얽혀 있다고 본다.

가족세우기는 가족 또는 다른 사람들 간에 얽혀있는 문제를 해결하는 기법이다. 얽혀있다는 것은 내가 다른 사람의 문제나 운명에 묶여있음을 뜻한다.

가족세우기의 원리는 사람들 사이의 왜곡된 질서를 바로잡아서 고통의 근원을 해소시키는 것이다. 여기에는 자신과 소외된 가족 구성원 또는 자신의 문제와 연관된 다른 사람의 자기 자리를 찾는 것과 그 사람의 운명을 존중하는 것 그리고 해결문장을 정확하게 찾아서 진술하는 과정을 거치게 된다.

사랑의 질서

사람은 누구나 부모로부터 생명을 받아서 태어난다. 그리고 부모는 자녀를 양육하고 보살피는 존재이다. 왜 그럴까? 부모가 자녀를 사랑하기 때문이다. 가족세우기에서는 이것을 '사랑의 물줄기'라고 부른다. 그리고 "'사랑의 물줄기'는 위에서 아래로 흐른다."라고 표현한다. 즉 부모는 자녀에게 끊임없이 사랑을 주고 자녀는 그 부모의 사랑을 받는 관계라고 할 수 있다. 우리말 중에 '내리사랑'과 비슷한 개념이다. 그런데 이 과정에서 자녀는 자신이 받은 만큼 보답을 해야 한다는 부모에 대한 의무감을 갖게 된다. 그리고 자녀는 가족 구성원으로서의 위치를 지켜야 한다는 중압감도 갖게 되는데 만약 자신이 가족 구성원으로서의 의무를 잘 이행하지 않으면 그 자격을 박탈당할지도 모른다는 불안감에 시달리게 되는 것이다. 가족 구성원의 자격을 박탈당한다는 것은 가족공동체에서 버림받는 것을 의미한다. 그래서 자신은 가족공동체의 일원으로 계속 존재하기 위해 가족에 대한 충성과 희생을 기꺼이 감내할 수밖에 없다. 이런 관계가 자녀의 어린 시절부터 잘 형성이 되면 큰 문제가 생기지 않는다. 그런데 자녀가 자신은 충분히 사랑받지 못했다고 느낀다면 부모에 대한 원망과 증오심이 생기게 된다. 그래서 부모에게 반항적인 태도를 보일 수도 있다. 부모가 자신에게 잘못했거나 잘못하고 있기 때문이라고 항변하는 경우도 자주 볼 수 있다. 이렇게 되면 사랑의 질서가 깨어진다.

자녀의 부모화

부모에 대해 반감을 품은 자녀는 그 부모가 하는 모든 언행에 불만을 가진다. 자신의 마음에 들지 않는다는 것이다. 그래서 부모의 잘못을 지적하고 불만을 토로하고 심지어는 나무라거나 폭행까지 한다. 이 것은 자신이 부모보다 큰 존재라는 무의식적인 신념의 반영이다. 다른 말로 하면 자신이 부모보다 위에 있다고 할 수 있다.

아랫사람이 윗사람에게 불만을 품고 잘못된 점을 지적하는 것은 자신이 윗사람 위에 있다는 반증이다. 이것을 가족세우기에서는 '자녀의 부모화'라고 한다. 자녀가 부모의 역할을 담당한다는 뜻이다.

지위가 높은 사람은 자신의 아랫사람들이 하는 말이나 행동이 마음에 들지 않을 수 있다. 그래서 지적을 하거나 야단을 치기도 한다. 하지만 사람은 자기보다 지위가 높은 사람에게는 그렇게 하지 않는다. 물론 윗사람이 신통치 않고 만만하다면 무시하거나 대들 수도 있다. 특히 최근에는 학생이 교사를 폭행하고 새파랗게 젊은 사람이 나이가 지긋한 노인을 학대하는 경우도 드물지 않게 볼 수 있는 풍경이다. 하지만 이 것이 순리는 아니다. 윗사람은 아랫사람을 사랑하고 아랫사람은 윗사람을 공경하는 것이 순리이다.

이와 마찬가지로, 자기 자신이 부모보다 아래에 있으면 부모가 하는 모든 것은 옳고 정당한 것이 된다. 그래서 불만이 있을 수 없다. 그리고 그럴 때 마음의 평안을 되찾게 된다.

가족세우기에서는 이런 문제를 해결하기 위해 다음과 같이 해결진술 문장을 사용한다.

"부모님은 크시고 저는 작습니다. 부모님은 주시고 저는 받습니다. 저는 부모님의 아들(또는 딸)일 뿐입니다. 부모님의 운명을 존중합니다. 고맙습니다."

이런 말을 하고 고개를 숙이면 사랑의 질서가 회복되는 것이다.

나는 내 자신을 항상 중요한 사람으로 세우려 했다

심리적인 증상을 스스로 해결하기 힘든 것은, 자기 자신은 남보다 무거운 짐을 지고 있다는 그릇된 관념 때문이다. 그래서 자신을 중요한 사람으로 세우려 한다. 여기서 중요한 사람이란 자신이 남보다 큰 사람 또는 남들 위에 있는 사람을 가리킨다. 내가 남들보다 크거나 위에 있게 되면 다른 사람들의 사소한 결점도 못마땅하게 여겨진다. 그래서 화가 나고 불만이 쌓인다. 반대로 내가 남들보다 작고 밑에 있게 되면 다른 사람들이 어떻게 하든 신경 쓸 필요가 없어진다. 나보다 윗사람이 하는 것은 무엇이든 그 사람이 당연히 해야 하고 잘하든 잘못하든 그 책임은 그 사람이 져야 하기 때문이다. 그렇기에 지금까지 내가 갖고 있던 문제를 그 원인 제공자에게 돌려주고 그 사람을 나보다 윗사람으로 세우면 나는 훨씬 자유롭고 마음의 짐이 가벼워진다.

나는 어려서부터 부모님과 떨어져서 할아버지, 할머니와 함께 살았다. 부모님의 사이가 워낙 좋지 않았기 때문이다. 나는 이 사실이 부끄러웠다. 그 당시 내 주변에는 나와 비슷한 환경을 가진 사람이 매우 드물었던 것이다. 내 또래 친구들 중에는 거의 한 명도 찾아보기 어려웠다. 그래서 나는 친구들과 어울리기보다는 혼자서 책을 읽거나 사색에 잠기는 시간이 많았다. 내 자신의 처지가 처량해서 자주 울음을 삼키기도 했다.

시간이 지날수록 나는 점점 '이상한 사람'이 되어가고 있었다. 늘 남의 눈치를 살피는 사람, 사람들과 잘 어울리지 못하는 사람, 발표할 때 지나치게 긴장하는 사람, 의미 없는 말 한마디에도 쉽게 상처받는 사람… 그게 바로 나였다. 그런 나는 도저히 '정상'이 아닌 '비정상'적인 존재처럼 여겨졌고 사춘기 무렵부터 혹독한 정신적인 방황과 온갖 신경증에 시달려야 했다.

부모님이 원망스러웠다. 특히 어머니에 대한 증오심은 걷잡을 수 없이 커져갔다. 내가 이상해진 것이 아무리 생각해도 나의 잘못은 아니었기 때문이다. 그것은 나의 부모로 인해 생긴 것인데 왜 내가 '이상한 사람' 취급을 받아야 한단 말인가. 그래서 부모님께 반항하기도 하고 세상을 향해 소리를 지르기도 했다. 하지만 공허한 메아리만 울릴 뿐 달라지는 것은 아무것도 없었다.

나는 항상 내 자신이 피해자라는 의식에 사로잡혀 있었다. 그리고 그 것은 전적으로 내가 부모를 잘못 만났기 때문이라고 여겨졌다. 그래서 나는 그런 운명을 내게 선물한⑦ 신을 저주하고 또 저주했다.

정신적인 방황이 길어지면서 나는 몸도 아프고 마음은 더욱 아팠다. 애정결핍증이 원인이었다. 애정결핍증이 심한 사람의 내면진술문장은 이렇다.

"나는 못난 사람이야. 그러니까 엄마가 나를 사랑해 주지 않잖아. 나는 분명히 문제가 있어. 내게 잘못이 있으니까 엄마가 나를 싫어하는 거야. 나는 나쁜 아이가 분명해. 그렇기에 그 벌로써 엄마가 나를 차갑게 대하는 거야. 나는 벌을 받아야 해. 다른 사람들도 내게 잘못이 있는 줄 아니까 나를 싫어하는 거야. 나는 아파야 해. 그래야 다른 사람들이 나를 불쌍하게 여겨서 벌을 적게 줄 거야. 그래야 조금이라도 관심을 보이겠지. 동정도 관심이니까."

이런 관념은 일종의 믿음이며 신념체계를 형성하는 바탕이 된다. 그리고 자기 자신에 대한 부정적인 관념은 끊임없이 자신을 고통 속으로 몰고 간다. 왜냐하면 자기 자신이 못났기 때문에 부모나 주위 사람들로부터 사랑을 받지 못하므로 스스로 벌을 주는 것이다.

모든 심리증상의 원인은 '죄책감'이고,
모든 심리증상의 해결 방법은 당당해지는 것이다

애정결핍증은 모든 심리증상의 원인이라고 할 만큼 중요한 개념이다. 그리고 애정결핍증이 치료되면 거의 모든 증상은 사라진다. 하지만 애정결핍증을 치료하기란 결코 만만치 않다. 뿌리가 워낙 깊기 때문이다.

"엄마는 항상 나를 못마땅하게 생각해. 그 이유는 내가 잘못한 게 있기 때문이야. 그게 뭔지는 모르겠지만 커다란 잘못인 것은 분명해. 나는 나쁜 아이였어. 그래서 엄마는 아직도 나를 감시하고 있는 거야. 내가 또 그런 잘못을 저지를까 봐."
애정결핍증을 가진 사람의 내면진술문장은 이렇게 이어진다.

여기에서 알 수 있는 것은, 내가 잘못한 게 있기 때문에 엄마가 나를 사랑하지 않는다는 것이다. 그러니까 그 원인은 '내가 잘못한 것'이 된다. 이 말은 결국 나는 '착한 아이'가 아니고 '나쁜 아이'였다는 의미이다. 그래서 엄마는 나를 싫어했다. 아무리 자식이라 할지라도 '나쁜 아이'를 좋아할 엄마는 없을 테니까. 만약 내가 '착한 아이'였다면 엄마는 당연히 나를 좋아했을 거야. 하지만 나는 '나쁜 아이'였기 때문에 엄마가 화가 났고 그 벌로써 나를 차갑게 대하는 것이 당연해… 이런 믿음은 '죄책감'을 불러일으킨다.

그렇다. 애정결핍증의 밑바닥에는 '죄책감'이 자리 잡고 있다. 이른바 '원죄의식'에 속하는 '죄책감'으로 인해 생성되는 것이 애정결핍증이다.

아울러 모든 심리증상의 밑바탕에는 '죄책감'이 자리 잡고 있으며, 모든 심리증상의 해결 방법은 그 '죄책감'에서 벗어나서 당당해지는 것이다.

죄책감, 원죄의식, 업

사람은 나쁜 일(사업 실패나 질병, 사고 등)이 생기면 거의 반사적으로 과거의 잘못을 상기한다. 이른바 죄책감이 작용하는 것이다. 이런 죄책감은 종교적으로도 맥을 같이 한다. 기독교에서의 원죄의식과 불교에서의 업(카르마 Karma)이 그것이다. 그래서 죄책감과 원죄의식 그리고 업은 인간의 고통에 대한 근본적인 원인이라 할 수 있다.

문제의 책임을 원인 제공자에게 돌려준다

가족세우기에는 '돌려주기'라는 기법이 있다. 이 '돌려주기'는 내가 가진 문제의 원인이 다른 사람이 제공한 것이라면 그 당사자에게 책임을 돌려줌으로써 해결하는 원리를 적용한다.

그렇다면 엄마는 왜 그렇게 심기가 불편했을까. 결론적으로 말하자면, 엄마는 내가 뭘 잘못했기 때문에 나를 벌주려고 차갑게 대한 게 아니라는 것이다. 엄마에게는 다른 문제가 있었다.

예를 들면 아버지와의 갈등이 심했다든가 부동산에 투자를 하다가 큰돈을 날렸다든가 친정 식구들에게 버림을 받았다든가 하는 이유로 인해 마음이 상해 있었다. 이런 문제는 엄마의 것이지 내 것이 아니다.

그래서 엄마의 것은 엄마에게 돌려주는 것이 가족세우기에서의 해결방식이다. 이때는 해결진술문장을 사용한다.

"어머니. 어머니와 아버지와의 관계는 두 분의 문제에요. 제가 관여할 문제가 아닙니다. 이제 이 문제를 부모님께 돌려드립니다. 부모님은 크시고 저는 작습니다. 부모님은 주시고 저는 받습니다. 저는 부모님의 아들일 뿐이에요. 그래도 두 분은 저의 부모님입니다. 고맙습니다."

이 말을 하고 부모님을 나보다 위에 계시는 분들로서의 자리를 찾아드림으로써 문제는 해결된다. 그동안 나는 부모님을 존중하지 않았고 내가 부모님 위에 있었기 때문에 그토록 마음이 불편했던 것이다.

나는 가족세우기를 접하고 나서 왜 부모님 사이가 좋지 않았는지를 생각했다. 사실 두 분은 똑똑하고 잘난 분들이기 때문에 자존심이 지나치게 강한 편이었다. 그래서 상대방에게 지지 않으려고 '기 싸움'을 하다가 실제로 자주 싸우고 서로를 적대시했다. 서로에 대한 배려나 양보는 아예 없었다고 해도 과언이 아니다. 하지만 문제는 전혀 다른 데 있었다. 두 분은 내가 태어나기 전에 두 번의 유산을 경험했었다. 한번은 어머니 뱃속에서 나오기 전에 사산이 되었고 또 한 번은 태어난 지 불과 이틀 만에 숨을 거두었다고 한다.
나는 이 사실을 20여 년 전에 아버지께 얼핏 들은 적이 있었다. 하지만 그때는 그저 그런 일이 있는 줄로만 알았지 그다지 심각하게 받아들이지는 않았다. 내가 어린 시절에는 그런 경우가 꽤 많았고 나의 아버지께서도 지나가는 말처럼 했기 때문에 대수롭지 않게 여겼다.

그런데 막상 내가 가족세우기를 알고 나서는 이것이 부모님 사이에 크게 영향을 미치는 중요한 사건임을 깨달았다. 그래서 얼마 전에 나는 아버지께 그 2명의 잃어버린 아이에 관해 물었다.

"딸이었나요? 아들이었나요?"

"둘 다 딸이었지…"

아버지는 내가 조심스럽게 물은 데 대해 비교적 담담하게 대답하셨다.

"그럼 나한테는 누나들이네요. 어쩐지 누나 있는 친구들이 부럽더라니…"

나는 그제서야 부모님 사이가 좋지 않은 것이 유산으로 인해 자녀를 잃은 데 대한 죄책감이 크게 작용했음을 짐작할 수 있었다.

부모님은 2명의 자녀를 잃어버린 슬픔을 감당하기 힘들었을 것이다. 그리고 그것이 자기의 잘못이 아니라 상대방의 잘못이라고 우기며 서로를 적대시했을 수도 있다. 특히 어머니는 당시 임신 중에 아버지가 자신을 소중하게 보살피지 않고 오히려 구박했기 때문에 결국 태아에게 나쁜 영향을 미쳐서 그런 비극적인 사건이 발생했다고 아버지를 심하게 공격했는지도 모른다. 물론 직접적으로 그런 표현은 하지 않았다 하더라도 다른 불만을 핑계로 사사건건 시비를 걸지 않았을까.

어쨌든 부모님에게는 가슴 아픈 사연이 있었기에 나에게 애정을 쏟을만한 여유가 없었던 것은 확실하다. 그리고 그것은 나로 인해 생긴 문제가 아니었다. 내가 뭘 잘못한 게 아니라는 것이다. 그렇다면 이 문제는 부모님께 돌려 드려야 한다. 이것은 부모님의 문제이기 때문이다.

대역 세우기

가족세우기는 대역을 세워서 세션을 진행한다. 나와 가족들 그리고 내 가족들의 문제와 연관된 사람들을 직접 불러서 세션을 진행하는 게 아니라 워크숍에 참가한 사람 중에 임의로 선정해서 그 대역을 세우는 방식으로 작업이 이루어진다. 그것은 나와 가족들의 문제와 연관된 사람들을 모두 부르기도 어렵거니와 막상 그들이 모두 모인다 하더라도 지나치게 감정이 개입되어 사실을 왜곡할 가능성이 크기 때문이다. 그런 점에서 가족세우기는 역할극이나 사이코드라마와 확연한 차이가 있다. 가족세우기는 의도적인 틀에 맞춰서 문제를 해결하는 방식이 아니라 감춰진 진실이 자연스럽게 드러나도록 대역들의 느낌을 따라가는 방식을 택하고 있는 것이다.

가족세우기는 진행자가 의뢰인에게 어떤 문제를 다루고 싶은지를 묻고 그에 따라 대리인을 세우는 것으로 시작된다. 이때 진행자는 의뢰인에게 그 문제와 관련된 특정한 사건이나 사고가 있었는지 묻는다. 예를 들면 의뢰인이 이성 문제로 힘들어한다면 이성 간에 어떤 일이 있었는지를 물어본다. 한 여성 의뢰인이 남자친구와 교제를 하게 되면 얼마 지나지 않아서 헤어지고 또 다른 남자를 만나서 교제하다가 다시 얼마 지나지 않아서 헤어지기를 반복한다고 대답한다. 그래서 이제는 남자친구를 만나도 또 그런 일이 생길까 봐 두렵다는 것이다.

이런 경우는 매우 흔하다. 그래서 이성간의 문제로 심리상담을 받는 사람도 실제로 많이 있다. 이럴 때 대부분 상담자는 내담자가 가진 문제를 '남성 기피증'이나 '여성 비하 의식에 따른 열등감'으로 진단한다. 그리고 그 원인이 어린 시절에 아버지에 대한 혐오증을 가질 만한 동기가 있었는지 아니면 끔찍한 성폭행을 당한 경험이 있었는지에 대한 탐색을 시도하게 된다. 이것이 일반적인 심리상담 방식이다.

하지만 가족세우기에서는 철저하게 사건과 사실을 중심으로 진실이 드러나도록 하는 데 초점을 맞춘다. 이런 경우에는 일단 그동안 교제한 남자친구들과의 사이에서 낙태한 경험이 있는지를 물어본다. 가족세우기에서 중요하게 다루는 사건은 1. 가족 중에 일찍 죽은 사람이 있는 경우 2. 소외되거나 배척된 가족원이 있는 경우 3. 입양이나 낙태를 당한 가족원이 있는 경우 등이다. 낙태는 그 가운데서도 중요한 사건으로 취급한다. 왜냐하면 산모의 뱃속에 살아있는 생명을 인위적으로 죽였기 때문에 산모와 그 낙태 당한 생명의 아버지 되는 상대방 남성은 심한 죄책감을 느끼게 되기 때문이다.

그래서 만약에 의뢰인이 "그렇다."라고 대답한다면 낙태 당한 아이와 그 아버지가 되는 남성의 대역을 세운다. 그리고 의뢰인의 대역과 상대방 남성의 대역 사이에 낙태 당한 생명의 대역을 눕게 한다. 그리고는 진행자와 의뢰인은 대역들의 모습을 지켜본다. 이런 경우에 대개는 의뢰인의 대역이 낙태당한 생명의 대역 앞에 주저앉아 슬피 울게 된다. 그리고 상대방 남성의 대역은 그들을 똑바로 바라보지 못하고 고개를 숙이고 한숨을 쉬거나 멍한 표정으로 다른 곳을 바라보기도 한다. 그 장면을 잠시 응시하다가 진행자는 남성과 여성 대역자를 똑바로 서게 하고 그 앞에 낙태 당한 생명의 대역을 세운다. 그리고 서로 마주 보게 한 다음 해결진술문장을 따라 하게 한다.

"아가. 네가 일찍 떠나서 참으로 슬펐단다. 우리는 너를 그리워했단다. 이제 우리 안에 너를 위한 자리를 마련하련다. 우리의 가슴 속에 너의 자리를 마련하마."

그리고 그 자녀의 대역을 따뜻하게 안아준다. 대개 이렇게 하면 대리인들은 물론 의뢰자도 안도의 한숨을 내쉬게 된다. 이제 의뢰인의 문제가 해결되었다는 의미이다.

이 의뢰인은 그동안 자신이 잉태한 태아를 낙태시킨 데 대한 죄책감에 사로잡혀 있었다. 그리고 그 태아의 아버지인 남자 친구에게 마음을 닫아버렸다. 그래서 그 이후에 만난 남자들에게도 쉽게 마음을 열지 못했던 것이다.

그런데 만약 그 의뢰인이 "아니요."라고 대답한다면 의뢰인은 자신의 아버지에 대한 존경심을 갖고 있지 않을 가능성이 크다. 즉 그 의뢰인에게 있어서의 아버지상은 부정적일 수 있다는 것이다. 그리고 그것에 대한 자신의 진실은 "나의 아버지는 나쁜 아버지야."라는 의미를 내포하고 있음을 짐작케 한다. 그래서 진행자가 이번에는 의뢰인의 아버지와 어머니 대리인을 세워서 그 문제에 대한 정확한 진실이 드러나도록 세션을 진행한다. 그리고 자신의 부모님 사이에 어떤 사건이 있었는지를 물어보고 그 사건이 무엇이든 간에 그것은 부모님의 문제이므로 부모님께 돌려드림으로써 해결하고 세션을 마무리 짓는다.

가족세우기 세션 과정에서 대리인의 역할을 맡았던 사람들은 자신들과 전혀 관계없는 의뢰인의 문제에 대해 신기하리만치 몰입이 된다는 사실에 놀라곤 한다. 즉 대리인들은 의뢰인의 문제에 대한 사전 정보를 전혀 알지 못하는 상태에서도 이미 그 당사자의 감각이나 감정을 그대로 느끼게 되는데, 실제로 의뢰인의 가족 역할을 맡을 때 그 가족 구성원의 신체적인 특징 예를 들면 소아마비라든가 척추장애와 같은 부분까지도 감지하고 거의 똑같이 움직인다는 것이다. 이것은 가족세우기 장(場, 필드 Field)이 그런 에너지를 생성하고 문제를 주도하는 지성으로 작용하기 때문이다. 그리고 이것이 바로 가족세우기 장이 가진 특성이며 '감춰진 진실'이 드러나게 하는 힘이라고 할 수 있다.

진실과 스토리

가족세우기에서는 〈진실〉과 〈스토리〉라는 용어를 자주 쓴다.

가족세우기에서의 〈진실〉은 이런 것이다. "나는 살고 있다. 그리고 때가 되면 가야 한다." 이것은 명백한 사실 즉 팩트(Fact)라고 할 수 있다. 그런데 "나는 잘 살고 있다." 라든가 "나는 잘못 살고 있다."라는 것은 〈스토리〉에 속한다.

다시 말하자면 〈진실〉은 누구도 부인할 수 없는 명백한 사실(팩트)이고 〈스토리〉는 〈진실〉에 가치판단이 더해진 것이다.

나에게는 부모님이 계신다. 그런데 나의 부모님은 너무나 이기적인 분들이다. 자기들이 서로 좋아서 결혼했고 자식까지 낳았는데 사이가 나빠져서 매일 싸우다가 어머니는 집을 나가버렸다. 어린 자식을 내팽 개친 채로. 이런 부모님이 나는 아무래도 좋게 여겨지지 않는다. 그렇 다. 나는 나쁜 부모님의 자식이다.

이것이 바로 〈스토리〉이다. 부모 중에는 '좋은 부모'가 있고 '나쁜 부 모'가 있다. '형제'나 '친구'도 마찬가지다.

〈스토리〉에는 '좋은 부모'가 있고 '나쁜 부모'가 있지만, 〈진실〉은 '그 냥 부모'가 있다.

사람들은 〈스토리〉에 매달려서 살아간다. 내가 다른 사람에게 관심 을 가지는 것은 그 사람의 외모나 성격 등에 끌리는 부분이 있기 때문 이다. 그래서 그 사람에게 다가가고 친분이 생기면 어떤 사람인지 알고 싶어져서 여러 가지를 물어본다. 지금까지 어떻게 살아왔는지 그리고 지금은 어떻게 살고 있는지 궁금하기 때문이다. 그에 대한 대답은 각기 다르겠지만 대개는 열심히 살았거나 나태하게 살았거나 멍청하게 살았 거나 하는 것 중에 하나에 해당할 수 있다. 그리고 현재도 그 중에 하 나의 경우로 살고 있다는 생각이 들 것이다.

만약 그 사람이 지금까지 열심히 최선을 다해 살아왔다고 판단되면 "잘 살아오셨네요. 노력을 많이 하셨군요."라고 칭찬의 말을 할 것이고, 그렇지 않다면 "그때 좀 더 열심히 노력하셨으면 좋았을 텐데… 안타깝 네요. 더 잘 할 수 있었겠는데…"등의 말을 하게 된다. 이것이 바로 사 람들이 스토리에 관심을 갖는 이유이다. 즉 사람은 판단하고 싶어한다 는 것이다. 이 사람은 잘했고 저 사람은 잘못 했다는 판단. 그리고 그

판단은 자기 자신에게도 적용된다. 내가 지금 잘하고 있는지 잘못하고 있는지를 끊임없이 판단한다.

어떤 것이 잘 사는 것이고 어떤 것이 잘못 사는 것인가. 이 기준 역시 사람에 따라 다소의 차이가 있겠지만 사회적 관점이 크게 작용하는 것은 분명하다. 즉 앞에서 언급한 대로 사회적인 모범답안에 맞는지 맞지 않는지가 판단의 기준이 되는 것이다.

하지만 〈진실〉은 결코 판단하지 않는다. 〈진실〉은 모든 것을 존중한다. 있는 그대로의 그 모습 그대로 존중하는 것이 〈진실〉이고, 〈진실〉이 드러나면 〈스토리〉는 사라진다.

우는 아이에게 필요한 것은 엄마가 따뜻하게 안아주는 것이다

가족세우기에서는 〈진실〉이 드러나는 순간 곧바로 문제가 해결되는 것이 특징이다. 저만치서 아이가 울고 있다. 동네 아줌마와 얘기를 하고 있던 엄마가 재빨리 달려와서 아이를 따뜻하게 안아준다. 아이는 잠시 투정을 부리지만 금방 울음이 잦아든다. 그리고 안도의 숨을 내쉬게 된다. 이것으로 충분하다. "왜 울었니?"라는 말은 그 다음에 할 일이다.

가족세우기는 근본적인 문제가 해결되면 곧바로 세션을 종료한다. "해결되었습니다. 이만 마칩니다."라는 말과 함께. 더 이상의 말은 또 다른 〈스토리〉를 만들어내기 때문이다.

운명 존중

　가족세우기는 어떤 면에서 흩어져 있는 운명의 퍼즐을 맞추는 게임이라고 할 수 있다. 사람은 누구나 자기의 운명에 대해 조금씩은 불만족스러워한다. 즉 자기의 운명을 거부하고 싶을 때가 있다는 것이다. 이것 역시 자신이 운명 위에 있다는 반증이다. 그래서 운명을 자신보다 위에 세우면 그런 불만은 해소될 수 있다.

　만약 내가 장애아로 태어났다면 그 책임은 누구의 것일까. 이런 경우에 대부분의 부모는 자신들의 잘못이라고 생각한다. 그래서 그 책임도 자신들이 져야 한다고. 하지만 이것은 나의 운명이다. 부모의 잘못이 아니다. 어느 부모가 장애아를 낳고 싶어 하겠는가. 그러므로 이처럼 내가 감당해야 할 것도 분명히 있다.

　이럴 때의 해결진술문장은, "이것은 저의 몫입니다. 제가 안고 가겠습니다. 저의 운명을 존중해 주세요."이다.

　이런 점에서, 가족세우기는, 앞서 말한 대로 운명의 퍼즐을 맞추는 게임이라고도 할 수 있다. 각 사람의 운명의 퍼즐이 맞춰지면 게임은 끝난다. 더하거나 뺄 것이 없는 상태, 그것으로 충분하다. 각자의 운명이 제자리를 찾게 되면 모든 문제가 해결되는 것이다.

활용방법

나는 가족세우기가 기존의 방식대로 여러 명이 참가하는 워크숍 형태로 진행되는 것이 바람직하다고 생각한다. 그렇게 해야 참가자들이 의뢰인과 대리인의 역할을 맡아서 실제 체험을 할 수 있기 때문이다. 하지만 워크숍에 참가하기가 힘들거나 가족세우기에 대한 거부감을 가진 사람들에게는 다른 방식으로 가족세우기를 활용할 수 있다.

나는 개인상담 중에도 가족세우기 기법을 자주 활용한다. 이때는 내면진술문장과 해결진술문장이 매우 유용한 수단이 된다. 앞에서 여러 차례 언급한대로 정확한 내면진술문장과 해결진술문장을 만들어서 내담자들의 얽혀 있는 문제에 적용하는 것만으로도 탁월한 효과를 보게 되는데 다만. 가족세우기에 대한 내담자의 이해의 정도를 고려하여 적합하게 실행하는 것이 필요하다는 점을 첨언한다.

» 가족세우기는 사람들 간에 얽혀있는 문제를 해결하는 데 널리 활용된다.
» 내담자의 가족 또는 가까운 사람들과의 관계 탐색.
» 내담자가 가진 '자기의 진실'과 '근본적인 진실'의 차이 확인.
» 내면진술문장과 해결진술문장 만들기.
» 내담자의 증상에 적용 - 해결하기.

11

....

호오포노포노

호오포노포노는 고대 하와이인들의 용서와 화해를 위한 문제 해결법을 현대적으로 발전시킨 기법이며, 핵심적인 키워드는 정화, 완벽한 책임 등이다.

호오포노포노는 하와이어로 호오(목표)와 포노포노(완벽함)이며, 완벽을 목표로 수정을 하는 것, 즉 잘못을 바로잡는다는 의미를 지닌다.

호오포노포노의 치유법은 간단명료하다. 자신이 불만족스러워하는 현실을 생각하면서 신성을 향해 "미안합니다. 용서하세요. 감사합니다. 사랑합니다."라는 말을 되풀이하는 것이다.

외부는 완벽하다 _ 내가 만든 현실에 반응한다

사람은 누구나 자기 자신과 세상에 대해 조금씩은 불만을 가지고 살아간다. 특히 다른 사람에 대한 불만이 크게 작용하는 경우가 흔하다. 그래서 '남 탓'을 하게 되는 것이다.

하지만 '남 탓'을 한다고 해서 세상이 쉽게 바뀌지는 않는다. 오히려 문제와 갈등만 더 커질 뿐이다.

호오포노포노는 세상을 바꾸려고 하기 보다는 자기 자신이 바뀌어야 한다는 인식의 변화를 촉구한다. 그리고 자기 자신을 바꾸는 방법을 제시하고 있다.

우선 "외부는 완벽하다"는 사실을 일깨운다. 만약 직장 상사가 못마땅하게 여겨진다면 그 직장 상사에게 문제가 있는 것이 아니라 내 안의 기억 체계가 얽혀있기 때문에 그렇게 비친다는 것이다. 직장 상사가 못마땅하게 여겨지는 것은 누구의 문제인가? 그것은 내 문제이다. 그러므로 이 문제를 해결하기 위해서는 '남 탓'을 할 것이 아니라 내 안의 얽혀있는 기억을 정화해야 한다는 것이 호오포노포노 식의 해결방법이다. 즉 외부는 완벽한데 그에 대한 나의 반응은 완벽하지 않기 때문이라고 설명할 수 있다.

세상 만물을 창조한 신이 있다고 가정해보자. 신은 어떤 존재인가. 신은 완벽한 존재일 것이다. 그렇다면 신이 창조한 모든 것들도 완벽하다는 추론이 가능하다. 자연과 사람을 포함한 모든 생물은 완벽하고 그들의 행위 역시 완벽하다고 볼 수 있다. 가령, 이웃 아줌마가 온갖 수다를 떨며 동네를 돌아다닌다. 남의 험담도 하면서. 내 눈에는 그것이 도무지 좋게 보이지 않는다. "저 아줌마는 집안일은 안 챙기면서 맨날 수다만 떨며 다니고…한심한 인간이야. 꼴도 보기 싫어." 이런 생각이 들면서 화가 날 수도 있다. 이것은 누구의 문제인가? 그 아줌마의 문제라고 한다면 내가 굳이 화를 낼 필요가 없다. 잔뜩 불만 섞인 눈초

리로 째려볼 이유도 없다. 그런데 그 아줌마만 보면 속이 뒤틀리는 건 내 문제이다. "그렇다면 그 아줌마를 안 보고 살면 되겠네요."라고 반문할지도 모르겠다. 하지만 그 아줌마를 안 본다고 해서 세상의 수다쟁이 아줌마들이 다 없어지겠는가. 그렇지는 않다는 걸 우리는 너무나 잘 알고 있다.

다시 앞에서 언급한 '완벽'에 대한 이야기를 계속해보자. 완벽한 신이 창조한 모든 자연과 생명체는 그 자체로 완벽하다. 다시 말해 이 세상은 그야말로 완벽한 것이다. 나도 신이 창조했다면 완벽할 것이고 이웃 아줌마도 완벽할 것이 확실하다. 그런데 내 눈에 문제가 있어 보이는 것은 내가 살면서 체험한 기억들이 그렇게 보이게 하는 것이다.

존 휴렌 박사는 특이한 경력의 소유자이다.

그는 대학과 대학원에서 심리학을 공부하고 2006년도에 하와이 주립 정신병원에서 심리치료사로 활동했다. 그가 근무했던 정신병원은 범죄자 중에서도 흉악범 약 30명이 입원해서 치료를 받는 곳이었고 그들의 난폭한 행동으로 인해 하루도 조용한 날이 없을 정도였다. 그런데 존 휴렌 박사가 3년 동안 근무하면서 그 정신병원의 환자들이 거의 완쾌되는 기적(?)이 일어났다. 어떻게 그것이 가능했을까.

존 휴렌 박사는 환자들을 한 번도 면담한 적이 없다고 한다. 그가 한 일이라고는 매일 환자들의 차트를 보면서 "미안합니다. 용서하세요. 고맙습니다. 사랑합니다."라는 말을 되풀이한 것뿐이다. 그런데 어떻게 중증의 정신병자들이 완쾌되고 정신병원은 문을 닫게 되었을까.

그는 이렇게 말했다. "나는 내가 만든 환자들을 위해 내 자신을 치료

트라우마 치유와
자기계발을 위한 심리멘토링

한 것입니다." 존 휴렌 박사는 그 정신병자들을 자신이 만들었다고 한다. 그리고 그 환자들을 치료한 게 아니라 자기 자신을 치료했다는 도무지 이해하기 힘든 말로 상황을 설명했다. 하지만 이 사실은 실제로 있었던 일이고 지금은 세계적으로 널리 알려진 전설 같은 일이기도 하다.

존 휴렌 박사는 호오포노포노를 오랫동안 배우고 익힌 인물이다. 그의 스승이자 호오포노포노를 현대적으로 계승, 발전시킨 모르나 여사에게 직접 배운 제자이기도한데, 그가 처음부터 호오포노포노에 호감을 가진 것은 아니라고 한다. 그는 전통적인 학문을 공부한 지식인이기 때문에 약간은 주술적이고 신비주의 성향의 호오포노포노에 심한 거부감을 느껴 3번이나 강의 도중에 밖으로 뛰쳐나오기도 했었다. 그런데 모르나 여사가 간질 환자를 단 몇 마디 말로 치료하는 것을 보고는 호오포노포노에 대해 점차 관심을 갖게 되었고 결국 이 분야에 자신의 모든 것을 걸게 된 것이다.

앞에서도 언급했지만, 호오포노포노는 세상의 모든 문제를 자신의 기억이 만들어 낸다고 주장한다. 그러니까 자신의 기억이 문제이지 외부 상황은 전혀 문제가 없다는 것이다. 어떤 면에서는 불교의 '일체유심조'와 비슷한 개념이라는 생각이 들 수도 있다. 또한 호오포노포노는 '업'과 '전생'에 관해서도 부정하지 않는 측면이 있기 때문에 어떤 면에서는 불교적인 요소를 포함하고 있다고도 볼 수 있다. 그래서 다른 종교를 가진 사람들이 거부감을 가지고 있는 것도 사실이다.

하지만 문제를 해결하는 방법론에는 다소의 차이가 있다. 불교가 지나치게 복잡한 수행방법을 강조하고 있는 반면에 호오포노포노는 간결하면서도 단순한 방법을 취하고 있는 것이다. 다시 말하자면 불교는 현실을 부정하고 해탈을 목표로 수행을 한다면 호오포노포노는 왜곡된 기억 속의 현실을 바로 잡음으로써 있는 그대로의 창조적인 현실을 체험하는 것이 목표라는 점이 차이라 할 수 있다.

호오포노포노의 원리 _ 세상과 공유된 기억을 정화한다

만약 내가 누군가에게 기분 나쁜 말을 들었다면, 화를 내면서 싸우거나 아니면 참을 것이다. 그러나 어쨌든 내 마음이 편하지 않을 것은 분명하다. 이럴 때 마음을 다스리는 여러 가지 방법이 있다. '스트레스 해소방'에 들어가서 고장난 텔레비전을 야구방망이로 부순다든지 애꿎은 다른 사람에게 화풀이를 하든지 하는 파괴적인 방법이 있고, 운동을 하거나 숲길을 걷거나 가만히 앉아서 명상 또는 참선을 하는 비파괴적인 방법도 있다.

하지만 어떤 방법을 쓰더라도 내가 겪은 이 경험을 완전히 지우기는 어렵다. 그래서 다음에 비슷한 상황에 직면하면 역시 비슷한 방법으로 대응하게 된다.

호오포노포노는 이런 경우에 그 상대방과 내가 공유하고 있는 기억을 정화하는 방법을 쓴다. 그것이 앞에서 얘기한 "미안합니다. 용서하세요. 고맙습니다. 사랑합니다."라는 말을 되풀이하는 것이다. 그런데 이 말은 상대방에게 하는 것이 아니다. 흔히 심리치료사나 명상전문가 중에는 상대방에 대해 이런 류의 말을 하는 것이 좋으며 그렇게 해서 상대방을 용서하게 되면 자신의 마음이 편해진다고 하기도 한다. 내게

트라우마 치유와
자기계발을 위한 심리멘토링

잘못한 사람을 미워하지 말고 용서하라는 말은 삶의 황금률이긴 하지만 그리 쉽지는 않다. 나의 다친 마음이 자꾸 분노를 불러일으키기 때문이다. 나는 잘못한 게 없는데 상대방이 잘못해서 내 기분이 나빠진 것이라는 생각을 떨쳐버릴 수 없다. 그래서 나는 그에게 사과를 받아야 하고 그는 앞으로 그런 짓을 안 하는 사람으로 변해야 한다는 생각이 들기도 한다. 그렇기에 내가 화가 나는 것은 그의 책임이 되는 것이다.

자, 이것은 누구의 문제인가. 상대방의 문제가 아닌 나의 문제이다. 그렇다면 이 문제를 해결하는 것도 내 몫이 된다. 이 문제는 나와 상대방이 충돌해서 발생했다. 그리고 내 기억 가운데는 상대방과 충돌한 또 다른 경험이 있다. 내가 기분이 나쁜 것은 과거의 경험 즉 언젠가 나에게 기분 나쁜 말을 한 사람에 대한 기억이 있으며 또 그 전에도 비슷한 경험을 한 기억이 있는 것이다. 또한 내가 아닌 다른 사람이 누군가에게 기분 나쁜 말을 하는 것을 보고 들은 경험과 기억도 분명히 내 안에 존재한다고 할 수 있다. 결국 이 문제는 내 문제인 동시에 인류 공통의 문제이기도 하다. 호오포노포노에서는 이것을 '공유된 기억'이라고 한다. 그래서 이런 상황이 계속 반복해서 발생한다는 것이다.

호오포노포노에서의 문제 해결 방식은 내가 갖고 있는 기억 자체가 문제라고 보고 이 기억들을 정화해서 문제의 근원을 소멸하는 것이라고 설명할 수 있다. 내가 겪은 경험과 기억은 내 안에 있고 내 기억이 정화되면 기억 속의 현실이 완벽하게 변화된다는 것이다. 존 휴렌 박사가 중증의 정신병자들을 3년 만에 거의 완치시킨 것이 바로 이 방법 덕분(?)이다.

다시 말하지만, 정화의 말은 내게 문제의 원인을 제공한 대상에게 하는 것이 아니다. 그 문제의 원인을 잘못된 것으로 판단하고 문제의 원인을 제공한 대상을 원망하며 그 책임은 당연히 그 대상에게 있다고 판단한 나의 인식이 왜곡된 기억 체계로 인해 생성되었음을 인정하고 모든 것을 창조한 신성(디비니티)에게 하는 말이다. 그리하면 신성이 내가 가진 기억 체계를 풀어서 원래의 제로 상태(또는 평화의 바다)로 돌려놓음으로써 문제의 근원 자체가 소멸된다는 것이 호오포노포노의 핵심적인 내용인 것이다.

이 과정은 호오포노포노의 인식에 대한 도식을 알면 좀 더 쉽게 이해할 수 있다.

호오포노포노는 우리의 인식을 다음의 4단계로 나누어서 설명한다.

1단계	2단계	3단계	4단계
신성한 존재	**초의식**	**의식**	**무의식**
(디비니티)	(아우마쿠아)	(우하네)	(우니히필리)

이 4가지 중에서 우리는 '우하네'라는 의식의 작용을 크게 받는다. 우리는 의식적으로 판단하고 행동한다. 그런데 그 바탕에는 '우니히필리'라는 무의식이 자리 잡고 있다. 그리고 우리의 무의식이 과거의 경험에 대한 기억을 고스란히 간직하고 있으며, 그 기억들은 의식이 판단하고 행동하는 데 직접적인 영향을 미친다. 그래서 우리는 늘 같은 패턴의 판단과 행동을 하게 되는 것이다. (이 대목은 정신분석학의 이드, 에고, 슈퍼에고의 개념과 매우 비슷하다.)

트라우마 치유와
자기계발을 위한 심리멘토링

이 패턴을 바꾸기 위해서는 '아우마쿠아(초의식)'와 '디비니티(신성, 신성한 존재)'의 힘을 빌려야 한다. 그것은 '우하네'가 '우니히필리'에게 내 안의 왜곡된 기억 체계를 풀어달라는 청원을 '아우마쿠아'에게 하도록 하고 '아우마쿠아'는 다시 '디비니티'에게 이 사실을 알리고 맡기는 과정을 통해 이루어진다.

사실 호오포노포노는 단순하면서도 심오한 내용으로 구성되어 있다. 그래서 깊이 있는 이해가 필요하다. 하지만 호오포노포노를 제대로 이해할 수 있다면 실제 상담에서 놀라운 성과를 거둘 수 있다.

누구의 문제인가

내 경우에 있어서 어린 시절의 부모님의 부부 갈등과 불화가 미친 영향은 전 생애에 걸쳐 지속되었다.

요즘은 부모와 떨어져서 할아버지, 할머니와 생활하는 결손 가정의 아이들이 적지 않지만, 그 당시에는 나와 비슷한 환경을 가진 또래 아이들을 거의 찾아보기 어려울 만큼 드물었기 때문에 나는 늘 남과 다르다는 생각에 젖어있었다. 그리고 남과 다르다는 것은 결코 좋은 게 아니라는 사실도 일찌감치 깨달았다. 아니 남과 다르다는 것은 매우 부끄럽고 수치스러운 문제(?)이며 '나쁜 것'으로 여겨질 따름이었다. 그래서 나는 열등감에 시달리고 대인기피증과 강박증, 피해의식 등 온갖 심리증상을 떠안고 살게 된 것이다.

나는 억울해서 견딜 수가 없었다. 도대체 내가 뭘 잘못했단 말인가. 왜 내가 이런 고통을 겪어야 한단 말인가. 나는 복수심을 불태우며 부모님께 반항하고 신을 저주하기 일쑤였다. 하지만 그럴수록 마음만 어지러울 뿐 바뀌는 건 아무것도 없었다.

호오포노포노는 나에게 이렇게 묻는다.

"이것은 누구의 문제입니까?"

나는 잠시 생각하지만, 얼른 대답이 떠오르지 않는다.

호오포노포노는 계속해서 나에게 묻는다.

"지금 당신이 속상하고 억울한 것은 당신의 부모님의 문제입니까? 아니면 당신의 문제입니까?"

나는 이 질문에 대답하고 싶지 않다. 이것은 분명히 나의 문제이긴 하지만 내 부모님이 원인 제공을 했기 때문에 그 책임은 내 부모님에게 있다는 생각이 강하게 들기 때문이다.

"나와 관련된 것은 모두 내 문제입니다. 맞습니까?"

호오포노포노는 작심한 듯 다시 내게 묻는다. 나는 이제 더 이상 피할 수 없는 상황에 내몰렸다. 그래서 마지못해 입을 연다.

"맞아요. 내 문제가 맞습니다. 그래서 어쩌란 말인가요?"

"당신의 문제는 당신과 당신의 부모님이 공유한 기억 때문에 생긴 겁니다. 그 기억을 정화하면 이 문제는 해결됩니다."

"정화한다는 게 무슨 의미인가요?"

"우선 내게 일어나는 모든 문제는 내가 가진 기억 때문이라는 사실을 알아야 합니다. 문제 자체는 문제가 아닙니다. 그 사실에 대한 반응이 문제를 생성합니다. 그리고 그 반응을 일으키는 것이 기억이고요. 그래서 그 기억을 정화해야 된다는 겁니다."

"기억을 바꾸거나 지워야 한다는 뜻인가요?"

"아닙니다. 기억은 좋고 나쁜 게 아니에요. 기억은 경험의 산물이죠. 내가 경험한 것이 좋고 나쁘다는 판단에 의해 기억으로 저장되는 것입니다."

"그 다음은 뭔가요?"

"그 기억이 갖고 있는 판단을 내 안의 어떤 속성이 받아들였다는 사실을 이해하는 겁니다. 그리고 내게 일어나는 문제는 외부에 의한 것이 아니라 내 내면에서 받아들인 기억으로 인해 만들어지기 때문에 그것에 대한 책임 또한 외부에 있지 않고 내 내면에 있다는 것을 인정해야 합니다."

"불교의 선문답 같군요."

나는 일이 잘 풀리지 않고 꼬일 때마다 불평을 쏟아냈다. "도대체 세상이 왜 이 모양이람. 도무지 마음에 안 들어. 제기랄." 이 말은 누군가 또는 무언가를 탓하는 말이다. 그 대상이 잘못이라는 말이다.

"외부에 문제가 있다면 외부를 바꿔야 합니다. 하지만 외부는 완벽합니다. 아무런 문제가 없지요. 문제는 내 안에서 그것이 문제라고 보고 있는 기억입니다."

"아니, 전쟁이 일어났다면 그것이 어째서 외부의 문제가 아니라 나의 문제인가요?"

"물론 전쟁이 일어날 수도 있죠. 하지만 그 전쟁은 내 안의 기억이 전쟁과 공유되어 있기 때문에 일어나는 겁니다. 그래서 전쟁과 공유된 나의 기억이 정화되면 전쟁은 사라집니다. 병을 가진 사람도 마찬가지에요. 내가 병이 들었거나 병든 사람을 안다는 것은 내 안의 기억이 그 병과 공유되어 있다는 뜻입니다. 그래서 그 병과 공유된 나의 기억을 정화하면 그 병은 곧 사라지고 병든 사람이 깨끗하게 치유됩니다."

"정화는 어떻게 합니까?"

"정화는 신성한 존재에게 '미안합니다, 용서해주세요, 고맙습니다, 사랑합니다.' 라는 말을 하는 것입니다."

"꼭 무슨 주문 같군요. 그 말을 한다고 해서 뭐가 달라지나요?"

"내 무의식에 달라붙어 있는 기억이 풀어지고 오류의 에너지가 방출됩니다."

"그런데 그 말을 직접적인 대상에게 하지 않고 신성에게 한다고요? 왜 그렇게 해야 하며 신성은 누구입니까?"

"그 대상은 아무 문제가 없어요. 그런데 내 안의 기억이 그 대상에게 문제가 있다고 우기며 원망을 하게 만드는 겁니다. 그래서 그 대상의 주인(?)이 되는 신성에게 그 말을 하는 것이지요. 내가 그동안 신성이 창조한 대상들에게 문제가 있고 그 대상을 창조한 신성에게는 더 큰 문제가 있다고 판단한 오류에 대해 그 말을 하는 겁니다. 신성은 우리를 창조한 신과 같은 존재이며 우리에게 영감을 주는 역할을 합니다. 신성이 우리에게 주는 영감은 평화로운 선물이며 한계가 없고 기적을 일으킵니다. 하지만 우리가 가진 기억이 신성으로부터 오는 영감을 가로막기 때문에 잘 모르고 있을 뿐이지요. 그래서 기억을 정화하면 신성이 우리에게 주는 영감이 폭포처럼 밀려듭니다."

여기까지의 내용을 정리하면 나와 관련된 모든 문제는 나의 문제이며, 그 책임 역시 나에게 있다는 것이다. 이것이 호오포노포노의 핵심이기도 하다.

나는 내가 겪는 고통은 전적으로 세상이 잘못되었기 때문이라고 생각했다. 또한 그에 대한 책임 역시 잘못된 세상에 있다고 생각한 것이 사실이다.

하지만 모든 문제가 내 안에 있는 게 아니라 외부에 있다면 그 외부가 변화하지 않는 이상 해결할 방법이 없다. 나는 이 점을 잘 알고 있었지만 도무지 인정하기가 싫었다. 내가 이해할 수 없는 이유로 겪은 시련이 너무 가혹했고 그로 인해 나는 피해자라는 의식이 지나치게 강했기 때문이다.

그런데 호오포노포노는 이 부분에 대한 분명한 해답을 제시하고 있다. 그것은 "외부는 완벽하며 모든 문제와 책임은 내 안에 있다."는 말로 요약된다. 그리고 모든 문제는 기억으로 인해 생성되고 그 기억을 정화하면 문제 자체가 소멸한다는 원리를 설명한다.

나는 이제 내 자신에게 문제가 있다고는 생각하지 않지만 내 안에 모든 문제가 있다는 점은 인정하고 받아들인다. 그래야만 문제를 해결할 가능성의 문이 열리기 때문이다.

호오포노포노는 다시 말을 이어간다.

"만약 신이 있다면 그 신은 '완벽한 존재'이겠지요. 그리고 그 신이 창조한 모든 것도 완벽하다는 논리가 성립합니다. 그렇습니다. 나의 외부는 완벽합니다. 다만 내가 그 사실을 알지 못하고 있기 때문에 불완전하고 문제가 있는 것으로 보일 뿐이죠. 그래서 원망도 하게 되고요. 이것은 신이 세상을 잘못 만들었다고 불평하는 것과 같아요. 하지만 신은 모든 것을 완벽하게 창조했습니다. 당신도 마찬가지로 완벽합니다. 그런데 당신이 가진 기억은 완벽하지 않습니다. 이것은 당신 안의 어떤 속성이 그 기억의 판단을 왜곡되게 받아들였기 때문입니다. 그래서 정화를 하는 것이고요. 정화를 하게 되면 오염된 기억의 오류가 방출되고 원래의 완벽한 상태로 복원됩니다."

기억으로 살든지 영감으로 살든지

세계적인 베스트셀러 작가이자 '영혼 마케팅'의 창시자로 불리는 미국의 조 바이텔이 존 휴렌 박사를 만나서 호오포노포노를 배우는 과정을 풀어서 쓴 책 『호오포노포노의 비밀』은 문제를 바라보는 시각과 해결하는 방식에 있어서 시사하는 바가 크다. 그 책의 내용 중에 이런 구절이 있다. "기억으로 살든지 영감으로 살든지…" 영화 〈시크릿〉에도 출연했던 그는 자기계발서와 성공학의 역대급 저자이기도 하지만 그동안은 의지와 상상을 강조했다. 즉 그는 사람이 갖고 있는 자원인 상상과 오감을 잘 활용하면 자기가 원하는 것을 얻게 된다는 논리로 많은 사람에게 성공에 대한 매뉴얼을 제시했다. 그리고 실제로 그의 주장은 큰 반향을 불러일으켰고 그가 제시한 방법으로 큰 성공을 거둔 사람들도 많이 생겨났다.

그런데 그가 존 휴렌 박사에게 호오포노포노를 전수받으면서 인식이 차츰 달라지기 시작했고 나중에는 완전히 인식이 전환되는 상태에 이르렀다.

그 이유는 그전까지의 그는 대부분의 자기계발전문가들의 견해와 크게 다르지 않았다는 것을 깨달았기 때문이다. 시중에 나와 있는 자기계발서를 읽어보면 거의 대다수가 의지적인 측면을 강조한다. 가령 『시크릿』이나 『정상에서 만납시다』와 같은 서적은 물론, NLP 등의 기법들도 상상과 오감을 잘 활용하여 성공을 획득하는 방법을 제시하는 것이다. 앞에서 살펴본 바와 같이, NLP의 영화관 기법이 대표적이며, 영화관 기법은 기억을 재구성하거나 자신이 원하는 것을 얻는 방법으로 이미지 트레이닝을 할 때 여전히 널리 사용되고 있다.

이미지 트레이닝은 이미 내가 원하는 것을 얻었다는 것을 기정사실로 받아들임으로써 감정과 행동이 그에 걸맞게 변화되게 하는 기법이라고 이미 설명한 바 있다. 여기서 한 가지 알아야 할 것은 "행동하면 감정이 따라온다."는 이른바 행동요법과 "우리 뇌는 현실과 상상을 구분하지 못한다."는 뇌의 원리가 이 기법에 적용된다는 것이다. 그래서 마치 내가 올림픽에서 금메달을 따거나 혁신적인 발상으로 '성공신화의 주인공'이 된 사람처럼 상상하고 행동하면 감정과 모든 감각이 그것을 당연하게 받아들임으로써 자신이 원하는 결과가 나타난다고 주장한다.

시중의 서점에는 이러한 이미지 트레이닝 기법을 응용해서 집필한 성공학과 자기계발서가 즐비하다. 조 바이텔도 그런 예에 속했다. 하지만 그는 그런 류의 기법을 활용하여 성공한 인물은 소수라는 사실을 알고 있었다. 즉 그런 류의 기법이 모든 사람에게 통용되는 '진리'의 개념이 아니라는 사실을 존 휴렌 박사를 만나고 나서 깨달았던 것이다. 그래서 그는 존 휴렌 박사에게 그전까지 자신이 출간한 책들을 수정해야 될 것 같다고 말한다. 그때 존 휴렌 박사는 "그럴 필요는 없습니다. 사람은 어차피 정신적으로 발전하는 단계가 있기 때문에 그런 책들이 필요한 사람도 있으니까요." 라고 하면서 그 책들은 나름대로의 가치가 충분하다고 덧붙인다.

호오포노포노는 의지적인 측면을 전혀 불필요하다고 하진 않지만, 그것보다 '정화'와 '영감'을 더 상위 개념으로 규정하고 있다. 우리가 고통스러워하거나 실패하는 것은 '기억' 때문이며 '영감'이 우리를 치유하고 자유롭게 한다는 것이다.

이미지 트레이닝을 활용하면 자신이 원하는 것을 얻을 가능성이 커지는 것은 분명하다. 그것은 소위 '끌어당김의 법칙'이 원리로 작용하기 때문이다. 하지만 그것은 우리의 기억에 바탕을 두고 있다. 즉 우리의 기억은 '좋은 것'과 '나쁜 것'을 분별하고 우리는 '좋은 것'을 얻고 싶은 욕구를 가지고 있으며 그 욕구를 충족시키기 위해 의도적인 노력을 기울이는 것이다. 위의 경우에서 알 수 있듯이 올림픽에서 금메달을 따는 것은 '좋은 것'이고 나는 그 금메달을 따고 싶은 욕구가 있기에 의도적으로 이미지 트레이닝을 하는 것이다. 내가 원하는 것이 돈이나 건강 또는 원만한 인간관계라 해도 마찬가지다. 그것은 우리의 기억이 금메달, 돈, 건강, 원만한 인간관계를 '좋은 것'이라고 판단을 하기 때문에 의도적으로 그것을 얻기 위해 노력한다는 사실이다. 그리고 이것은 기억의 필터를 거치기 때문에 기억으로 사는 삶의 행태라고 할 수 있다.

하지만 한 가지 분명한 것은, 내가 진실로 원하는 것이 금메달이나 돈, 건강, 원만한 대인관계가 아니라는 사실이다. 내가 원한다고 생각하는 것들은 목적이 아니라 수단에 불과하다. 모든 사람이 진실로 원하는 것은 '행복'이다. 금메달, 돈, 건강, 원만한 대인관계는 내가 행복해지는 데 필요한 것일 뿐이라는 사실을 알아야 한다. 아무리 돈이 많고 건강하고 대인관계가 원만해도 내가 행복하지 않다면 그것들이 무슨 소용이 있겠는가.

반면에 호오포노포노는, 영감으로 사는 삶을 중요시한다. 그리고 영감은 '제로 상태'에서 온다고 주장한다. '제로 상태'는 아무것도 존재하지 않지만 모든 것이 가능한 근원적인 상태를 가리킨다. 아울러 모든 창조는 '제로 상태'에서 이루어진다고 강조한다. 영감은 바로 그 '제로 상태'에서 오기 때문에 왜곡된 모습이 아닌 완벽한 모습을 우리에게 보여준다. 그것이 아이디어든 깨달음이든 간에 '제로 상태'는 기억이라는 필터를 거치지 않기 때문에 전혀 오염되지 않은 무공해 에너지를 우리에게 공급한다.

조 바이텔은 존 휴렌 박사에게 호오포노포노를 전수받으면서 바로 이 '영감의 세계'를 보게 된 것이다. 그로 인해 조 바이텔의 가치관은 완전히 달라졌다. 오감적인 차원에서 육감적인 차원으로, 차원이 달라진 것이다.

　오감적인 차원과 육감적인 차원의 차이는, 오감적인 차원은 자신이 원하는 것을 얻는 데 초점이 맞춰져 있고, 육감적인 차원은 신성이 공급하는 완벽한 에너지와 아이디어 그리고 치유를 선물로 받는 것이라는 점이다. 또한 오감적인 차원에서는 모든 사람이 원하는 것을 얻는 것은 아니며 그것을 위해 의도적인 노력을 기울여도 원하는 것을 얻지 못했을 때 엄청난 후유증을 겪게 되지만, 육감적인 차원에서는 아예 부족함이 전혀 없는 상태의 에너지를 선물로 받기 때문에 실패하거나 좌절할 일이 없으며 항상 평화 속에서 산다는 것이다. 육감적인 차원에는 '풍요'와 '치유'와 '평화'만이 존재한다고 할 수 있다.

조 바이텔과 존 휴렌 박사는 말한다. "영감으로 살든지 기억으로 살든지 그것은 자유이고 우리는 어느 것이든 선택할 수 있습니다. 다만 그 결과는 엄청나게 다르게 나타난다는 사실을 알아야 합니다."라고.

아인슈타인은 "상상력은 정보보다 중요하다."라는 명언을 남겼다. 하지만 호오포노포노는 "영감은 상상력보다 중요하다."라고 주장한다. 상상력은 의지적인 노력이 뒤따라야 하는 기억의 산물이지만 영감은 모든 것이 가능한 '제로 상태'에서 여과 없이 우리에게 공급되는 치유와 평화의 무한히 긍정적인 아이디어이며 에너지이기 때문이다.

오염된 것은 정화, 감염된 것은 치료

호오포노포노의 메시지는 명확하다. 오염된 기억을 정화하라는 것이다. 그리하면 우리는 아무런 부족함이 없고 아무 불만도 없으며 아무것도 원할 게 없는 '제로 상태'와 연결되고 그럴 때 모든 것이 가능해지기 때문이다.

호오포노포노는 우리의 몸과 마음을 치유하는데도 뛰어난 효능을 발휘한다. 우리가 아픈 것 역시 우리의 기억이 '아픈 것'과 공유되어 있기 때문에 생성되므로 이것을 정화하면 '아픈 것'이 사라진다는 원리의 적용을 받는다는 의미이다. 그래서 우리의 기억이 정화되면 '병'에 감염된 기억이 치료되는 것은 당연한 결과라 할 수 있다.

호오포노포노는 내 안의 오류의 에너지를 방출하고 마음의 평화와 영감을 얻어서 자유롭고 창조적인 삶을 살 수 있는 방법을 제시하는 탁월한 기법이라고 내가 자신있게 말하는 이유가 바로 이것이다.

〈통찰치료〉

트라우마 치유에 있어서 '통찰'은 매우 중요한 요소이다. 그래서 각 치유기법들이 '통찰'의 중요성을 감안하여 이에 대한 여러 가지 방법을 제시하고 있다. 하지만 나는 개인적으로, '명상테라피'와 '가족세우기' 그리고 '호오포노포노'를 대표적인 '통찰치료기법'으로 선정하고 '통찰치료'에 대한 연구를 계속 이어가고 있다. 그리고 앞으로는 '통찰치료'의 핵심적인 키워드인 '깨달음'을 통해 트라우마 치유를 더욱 효과적으로 할 수 있는 상담기법의 개발에도 최선의 노력을 기울일 예정이다. 아울러 이런 취지에 공감하는 분들과 공동으로 연구를 진행하는 방안도 검토 중이다. 높은 식견을 갖춘 분들의 많은 관심과 참여를 부탁드린다.

» 호오포노포노는 '통찰치료'에 널리 활용되는 기법이다.
» 내담자의 사고패턴 탐색.
» 정화와 치료의 원리 설명.
» 통찰력 강화 훈련.
» 기억과 영감의 차이 체험.

트라우마 치유와
자기계발을 위한 심리멘토링

3장
 —
내 자신의 치유를 위한
멘토링

"마음이
자꾸 아파요"

내가 아픈 이유

나는 늘 아팠다. 사춘기 무렵부터 몸도 아프고 마음도 아팠다. 하지만 병원에서는 아무 이상이 없다는 것이다. 소화가 안 되고 위통이 있어도 병원에서는 단순한 위염 증상만 있다는 식이었다. 다른 검사를 해봐도 특별한 병명은 나타나지 않았다. 그런데 나는 실제로 아팠다. 그래서 이 병원 저 병원을 전전하며 뭔가 확실한 진단이 나오기를 기대했다. 뚜렷한 병명이 나오지 않으면 다른 사람들이 '엄살'이라고 놀릴까 봐 필사적으로⑦ 병원을 들락거렸다. 그래도 병명이 나오지 않자 어느 병원에서 '신경성'이라는 진단을 내려주었다.

주위를 둘러보면 나 같은 사람이 간혹 있을 것이다. 그리고 그런 사람들의 병명은 거의 '신경성'이거나 '건강염려증'일 가능성이 크다. 겉으로 보기에는 멀쩡하니까 누군가는 '꾀병'이라고 생각할지도 모른다. 그렇다면 그들은 정말 '꾀병'을 부리는 걸까.

심리적으로 말하자면, 그들은 '회피'와 '합리화'의 방어기제로 무장되어 있다. 그들이 아픈 것은 엄살이 아니다. 실제로 어느 부위가 아픈 것

트라우마 치유와
자기계발을 위한 심리멘토링

이 분명하다. 왜냐하면 그들은 아파야 할 이유가 있기 때문이다. 어릴 때 학교에 가기 싫어서 배가 아프다고 하면서 식은땀을 흘린 적이 있는가. 아니면 숙제를 하기 싫어서 머리가 아픈 적이 있지는 않은가. 아마 그런 기억을 가진 사람은 꽤 많을 것이다. 그렇다. 나는 학교에 가기 싫은 것이 아니라 배가 아파서 학교에 가지 못하는 것이다. 또한 나는 숙제를 하고 싶어도 머리가 깨질 듯이 아파서 도저히 할 수가 없는 것이다. 이것이 바로 회피와 합리화의 작용으로 인해 나타나는 현상이다.

사람은 누구나 아플 수 있다. 하지만 뚜렷한 병명이 없는데도 끊임없이 아프다면 '애정결핍증'을 가지고 있는 경우가 대부분이다. 물론 나도 그 경우에 속했다. '애정결핍증'은 강박적으로 남들의 관심을 받고 싶게 만든다. 그리고 막상 남들이 관심을 보이면 두려워하고 피하는 현상이 나타난다. 대개는 이런 사람들을 이해하기 힘들어하지만 의외로 애정결핍 증세를 가진 사람이 많다는 점에 주목할 필요가 있다. 거의 모든 심리증상의 밑바닥에는 '애정결핍증'이 자리 잡고 있기 때문이다.

관심의 2종류

사람은 누구나 관심을 받고 싶어 한다. 그런데 어떤 사람은 누군가가 관심을 보이면 심한 부담감을 느낀다. 왜 그런 걸까?

관심에는 따뜻한 관심과 차가운 관심이 있다. 그리고 대부분의 사람은 따뜻한 관심을 받기를 원한다. 따뜻한 관심은 지지, 격려, 칭찬, 사랑 등이며 이런 관심은 받는 사람의 자존감을 높여준다. 또한 자신감을 북돋워 주기도 한다.

하지만 차가운 관심은 받는 사람의 자존감을 깎아내리고 움츠러들게 만든다. 차가운 관심으로는 지시, 지적, 꾸중, 비교, 비난 등이 있는데 이런 관심을 많이 받은 사람은 열등감, 무기력증, 피해망상증에 빠질 가능성이 크다. 또한 냉소적이고 비판적인 사람으로 변화하기 쉽다. 아울러 이런 증세는 대인기피증, 발표공포증, 시선공포증 등 이른바 '사회공포증'으로 이어지는 경우가 허다하다.

40대 초반인 P씨는 얼마 전에 직장을 그만뒀다. 직장생활에 적응하지 못하고 이번에도 두 달 만에 스스로 사표를 제출한 것이다. 벌써 8

번이나 반복된 일이다. 아직 미혼인 P씨의 부모는 그 이유를 잘 알고 있다. 대인관계 때문이라는 것을.

P씨는 중학생 시절에 왕따를 당한 적이 있다. 그리고 그때 이후로 그는 사람들이 무서워서 집 밖에 나오지를 못했다. 그래서 정신과 치료를 받으며 검정고시를 치러서 대학에 입학했지만 한 학기를 마치고는 자퇴를 했다. 다행히 군대는 면제를 받았다. 하지만 그 무렵부터 현재까지 P씨가 한 것이라고는 취업을 했다가 2~3개월 만에 퇴사하고 또 다른데 취업하고 또 한 달도 채 안 되어서 그만두기를 반복한 것뿐이다.

P씨는 왕따를 당한 경험이 '사회공포증'으로 발전한 경우에 속한다. P씨는 다른 사람이 자신에게 관심을 보이면 두려워하며 적대시한다. 그가 왕따를 당한 것은 친구들이 그에게 관심을 크게 보였음을 암시한다. 그리고 그것은 냉소적이고 비웃음을 동반한 차가운 관심이었다. 그렇게 차갑고 공격적인 관심을 많이 받은 사람은 누군가가 호의적으로 다가가도 피하거나 적개심을 드러낸다. 자신을 왕따시킨 친구들도 처음에는 그랬기 때문이다. 그래서 사람들을 믿지 못하고 두려워하는 것이다.

어린 시절에 부모로부터 꾸중이나 지적을 많이 당한 경우에도 대부분 이와 비슷한 반응을 보인다. 차가운 관심은 늘 남들의 눈치를 살피고 마음의 문을 닫게 만드는 요인으로 작용한다.

사람들이 받고 싶어 하는 것은 차가운 관심이 아니라 따뜻한 관심이다. 지지, 격려, 칭찬, 사랑은 누구나 받기를 좋아한다. 나는 이런 것들을 '마음의 보약'이라 부른다. 그리고 이 '보약'은 어릴 때 많이 먹어야 더욱 효과적이라고 주장한다. 그래야 마음의 체질⑦이 튼튼해지고 자존감이 높아지기 때문이다.

트라우마 치유와
자기계발을 위한 심리멘토링

성공에 대한 두려움
– 내가 잘 되는 걸 남들은 싫어한다 –

'사회공포증'을 가진 사람들은 '성공에 대한 두려움'도 함께 가지고 있는 경우가 대부분이다. '성공에 대한 두려움'은 얼핏 모순처럼 들릴 수도 있다. 그래서 "사람은 누구나 성공을 원하는데 왜 성공을 두려워한단 말인가?"라고 반문할 수도 있다. 물론 사람들은 '성공'하기를 원한다. 하지만 자존감이 낮고 열등감이 심한 사람들은 자신들이 성공할 자격이 없다는 무의식적인 신념을 가지고 있기 때문에 성공이 다가오면 두려워하고 피하게 되는 것이다.

'성공에 대한 두려움'의 키워드는 "내가 잘 되는 걸 남들은 싫어한다." 이다. 사실 사람들은 대체로 남이 잘되는 것을 좋아하지 않는다. "사촌이 땅을 사면 배가 아프다."고 하는 것도 그런 이유에서다. 남이 잘되면 은근히 질투하고 시기하는 마음이 생긴다. 그런 사람들 역시 자존감이 낮기 때문에 생기는 현상이다. 특히 열등감이 심한 사람일수록 그런 감정에 예민하다.

자존감이 낮고 열등감이 심한 사람들의 내면진술문장은 이렇다.

"사람들은 믿을 수 없어. 그들은 내가 잘 되는 걸 싫어해. 겉으로는 안 그런 척하지만 속으로는 '두고 보자. 네가 얼마나 잘 되는지… 너는 결코 잘 될 수 없어. 너를 싫어하는 사람이 얼마나 많은데… 누군가가 반드시 너를 끌어내릴걸. 네가 형편없는 인간이라는 사실을 우리는 다 알고 있어. 네가 얼마나 한심한 인간인지를 소문내면 너는 그걸로 끝이야. 그 전처럼 사람들은 또 너를 놀리고 손가락질할걸… 너를 비웃는 소리가 네 귀에 쾅쾅 울릴걸… 너는 또다시 왕따가 될 거야. 그걸 견딜 수 있을 것 같아?'라고 생각하면서 단단히 벼르고 있어."

이런 믿음이 내면에 자리 잡고 있는 이상 그들은 '성공'이 다가올 때마다 두려워하며 도망칠 수밖에 없다. 그리고 그들이 '성공'을 하면 안 되는 이유가 바로 이것이다.

공부를 잘하는 학생이 중요한 시험을 앞두고 번번이 엉뚱한 일이 생겨서 시험에 응시하지 못하거나 시험을 망치는 경우라든가 모범적인 직장인이 매번 승진에서 누락되는 경우 등 큰일을 앞두고 계속 뜻밖의 일이 생긴다면 자신이 '성공에 대한 두려움'이라는 증후군을 가지고 있지는 않은지 의심해 볼 필요가 있다.

'성공에 대한 두려움'은 내가 성장하는 것을 방해하는 유아적인 신념 때문에 나타나는 증상이다. 그래서 무작정 혼자서 해결하려 하기보다는 적극적으로 대처하는 것 즉 심리상담전문가의 도움을 받아서라도 성숙한 신념을 가진 인격체로 변화하는 것이 현명한 방법이다.

트라우마 치유와
자기계발을 위한 심리멘토링

약자와의 동일시
– 무기력증, 내 편은 전부 약한 사람들이다 –

내담자 여동일(가명) 씨는 사람에 대한 편견이 심하다. 그는 어려서 부모가 이혼하고 이모 집에서 자랐다. 그를 양육한 이모는 자상했지만 이모부는 성격이 강한 사람이었다. 그래서 그는 이모부를 무서워했다. 하지만 경제적으로는 꽤 부유한 편이어서 그가 하고 싶어 하는 것은 거의 다 할 수 있도록 도움을 주었고 이모나 이모부가 그를 구박하지도 않았다.

그런데 그는 어릴 때부터 궁핍한 집안의 애들과 친하게 지냈다. 내성적이고 말수가 적은 그였지만 집안이 가난하고 심성이 여린 친구들과 어울릴 때는 활기차게 뛰어놀기도 했다. 그러나 집안이 부유하고 억센 애들과는 잘 어울리지 않았고 오히려 적대감을 드러내는 경우가 자주 있었다.

그의 이런 모습은 부모의 영향으로 인해 생성된 결과였다. 그의 아버지는 부유하고 억센 사람인 반면 그의 어머니는 심약한 전업주부였으며 경제적으로도 무능했다. 어머니의 친정 식구들도 어머니와 성향이 비슷했고 집안 형편도 넉넉한 편이 아니었다. 그런 어머니를 아버지는 노골적으로 무시하고 학대를 일삼았다. 그럴 때마다 그의 어머니는 어린 그를 부둥켜안고 울었다. 그도 따라 울었다. 자기 아버지가 싫고 미웠지만 어린 그가 할 수 있는 일은 엄마를 불쌍하게 여기며 같이 울어주는 것뿐이었다.

그가 사람에 대한 편견을 갖게 된 데는 이러한 배경이 자리 잡고 있었다. 즉 그의 편은 전부 약한 사람들이었던 것이다.

나도 그와 비슷했다. 어릴 때 부모님과 떨어져서 할아버지, 할머니와 함께 살았던 나는 그런 환경 자체가 너무나 싫었지만 그보다 더 싫었던 것은 나의 조부모님을 은근히 비웃고 무시하는 주변 사람들이었다. 나의 조부모님은 선비 집안의 가풍을 이어받은 얌전하고 예의 바른 분들이셨다. 그리고 종손인 나를 끔찍이도 아껴주신 분들이다. 아버지도 내 편이란 점에서는 거의 똑같았다. 하지만 어머니는 달랐다. 어머니 역시 시부모님과 아버지를 무시하고 나에게도 자상하지 않았다. 어머니의 친정은 인근 지역에서 유지로 통할 만큼 권세가 있었기 때문에 어머니는 상대적으로 무능한 시댁을 얕보는 기색이 역력했다. 어머니는 '갑'이었고 시댁은 '을'이었다. 나는 힘 있는 사람들의 '갑질'을 너무 일찍 보고 경험했다.

여동일 씨와 나처럼 이른바 '약자와의 동일시'가 내재된 사람들은 의외로 많다. 그리고 이런 사람들의 특징은 사람에 대한 편견이 심하다는 것이다. 그래서 대인관계에 어려움이 따르고 심한 경우에는 정상적인 사회 활동이 힘들 정도의 사회부적응 현상을 보이기도 한다.

트라우마 치유와
자기계발을 위한 심리멘토링

그들은 강자에게 심한 반감을 갖고 있다. 그래서 "강자들은 나쁘다."라는 편견을 지니게 되고 적대시하는 것이다. 이것은 자신의 가치 기준이 약자 쪽으로 치우쳐 있기 때문에 나타나는 현상이다. 그래서 가치중립적이고 객관적인 안목을 갖추는 것이 중요하다. 꼭 상담자가 아니더라도 자기성찰을 꾸준히 하다 보면 자신이 어느 쪽으로 치우쳐 있는지 알 수 있다. 그리고 계속 정진을 하다 보면 자신의 약점뿐만 아니라 심리적인 증상도 충분히 개선시킬 수 있는 여지가 생긴다.

만약 자신이 항상 약자의 입장에서 모든 것을 판단한다면 결국 강자들과 대립각을 세우며 살아갈 수밖에 없다. 그리고 어쩌면 강자들을 '영혼도 없는 악마'로 규정하고 그들은 이 세상에서 없어져야 할 대상이라고 몰아세울지도 모른다. 이것은 조화롭지 못한 발상이다. 자신이 강자라고 여기는 사람에게 당한 피해로 인해 생성된 '피해의식'에 따른 결과이고 그에 대한 '보상심리'가 작용해서 나타나는 증상이다. 그래서 증세가 심한 경우에는 자기 성찰과 더불어 트라우마 치료를 적극적으로 받는 것이 바람직하다.

가면 뒤에 가려진 상처들

사람은 누구나 가면을 쓰고 산다. 내 안에는 가려야 할 것들이 많기 때문이다. 남들이 알면 부끄러운 것, 가증스러운 것, 혐오스러운 것들이 너무 많아서 그대로 드러내서는 절대로⑦ 안 된다. 만약 그것들이 세상에 드러나면 나는 개망신을 당할 것이며 지금까지 쌓아온 공든 탑이 하루 아침에 무너질 수도 있다. 그렇기에 튼튼한 가면을 써서 내 자신을 지키고 보호해야 한다.

그렇다. 내 안에는 온갖 추잡스러운 쓰레기가 가득하다. 이것이 내 자신의 참모습이다. 그런데 이것을 드러낼 자신이 없다. 그래서 가면을 쓰는 것이다.

20대 중반의 S양은 피해망상증에 시달리고 있다. 그녀는 외출할 때 반드시 모자와 마스크를 쓰고 진한 색깔의 커다란 안경까지 착용한다. 다른 사람들이 자신을 알아볼까 봐 불안하기 때문이다. 그래서 자신이 누군지 못 알아보게 철저하게 얼굴을 가린다. 그나마 상담실에 와서는 안경과 마스크를 벗고서 상담을 받는데 무장해제⑫를 하는 것은 집에 있을 때와 상담받을 때가 유일하다.

S양은 시골에서 자랐다. 그녀의 아버지는 과수원을 경영하는 농부였는데 지나치게 도덕성을 강조하는 경향이 있었다. 특히 여자의 순결에 대해서는 철저하게 지켜야 한다는 관념을 지녔고 자기 아내와 딸에게 자신의 가치관을 주입식으로 교육하기에 시간이 모자랄 정도였다. 그런 아버지 밑에서 자란 S양은 자연스럽게 정숙한 여성으로 성장했다.

그러던 그녀가 타락⑫하게 된 것은 타지의 대학에 진학하면서부터였다. 그녀는 고향에서 멀리 떨어진 지역에 위치한 대학에 입학하고 룸메이트 2명과 자취 생활을 시작했다. 그렇게 1학년을 마치고 방학을 맞이했을 때 그녀들은 아르바이트를 하기로 하고 여기저기 알아보던 중 눈길을 끄는 광고를 발견했다. 하루에 2~3시간 일하고 10만 원을 준다는 광고였다. 그녀들은 그곳에서 아르바이트를 하기로 결정했다. 그곳은 룸살롱이었다. 그녀들은 타지에서 그곳으로 왔기 때문에 알아보는 사람이 거의 없었고 일도 힘들지 않은데다가 돈도 많이 벌 수 있는 그곳이 마음에 들었다. 그녀들이 하는 일은 술 마시고 유흥을 즐기러 오는 남자 손님들을 접대하는 것이었다. 일명 '호스티스'가 된 것이다.

S양은 그런 생활을 약 5개월가량 하고는 그만두었다. 시간이 지날수록 불안해졌고 수치심과 죄책감이 그녀를 압박했기 때문이다. 그리고 대학을 자퇴하고 그 지역에서 멀리 떨어진 다른 지역으로 거주지도 옮겼다. 고향의 부모님에게는 계속 대학에 다닌다고 거짓말을 하고 이사한 지역에서 원룸을 얻어 편의점 아르바이트를 하며 지냈다. 하지만 그녀는 외출하기가 두려웠다. 자신을 알아보는 사람과 마주치게 될까 봐

편의점 아르바이트도 일주일 만에 그만두고 원룸에만 틀어박혀 지냈다. 다행히 룸살롱에서 일하며 모아둔 돈이 꽤 두둑하게 있어서 그럭저럭 생활은 할 수 있었다. 또한 그녀는 컴퓨터 활용 능력이 뛰어나고 포토샵이나 일러스트 등 웹 디자인도 잘하는 편이어서 부모님의 생업 터전인 사과 과수원의 홈페이지를 만들고 관리해서 인터넷으로 주문을 받는 일을 할 수 있었다. 그 일은 집에서 할 수 있어서 어느 정도 안심이 되었고 시간이 지날수록 인터넷 주문량도 점점 늘어나는 행운(?)도 뒤따랐다.

하지만 그녀의 불안증은 쉽사리 없어지지 않았다. 오히려 더 심해지는 경향이 뚜렷하게 느껴졌다. 거의 온종일 원룸에 있다가도 먹을 것을 사러 시장이나 동네 슈퍼마켓에 갈 때는 온몸을 가려야 했다. 모자와 커다란 안경과 마스크는 기본이고 여름에도 목도리까지 할 정도였다.

S양의 경우 상담을 받으러 오기까지 수많은 갈등을 겪었고 막상 상담을 받기 시작해서도 처음에는 긴장하는 기색이 역력했다. 자신의 과거를 들먹이는 것이 그녀에게는 죽기보다 싫었던 것이다.

실제 상담 현장에서는 내담자가 부모는 물론 배우자나 친한 친구에게도 말하지 못하는 문제를 상담자에게 하는 경우가 자주 있다. 자신은 도벽이 있다든지 관음증이 있다든지 심지어는 어릴 적에 성폭행을 당했다는 말도 상담 현장에서 종종 듣게 된다.

물론 그런 말들은 상담자에 대한 신뢰가 상당히 구축된 후에야 듣는 것이 가능하다. 내담자들이 가면을 쓰고 사는 데 워낙 익숙해져 있기 때문이다. 그래서 내담자들은 진실을 드러내기보다 자신의 입장에서 사실과 동떨어진 말을 반복적으로 하는 경우가 압도적으로 많다. 물론 상황이 다급한 경우에는 사정이 다르긴 하지만 말이다.

심리상담은 내담자의 가면을 벗기는 작업이다. 내담자의 가면이 많이 벗겨질수록 상담의 효율성이 높아진다. 그래서 상담자의 자질은 내담자의 가면을 얼마나 잘 벗기느냐에 달려있다.

심리상담의 첫 단계에서 상담자와 내담자 사이에 라포 형성이 잘 이루어지면, 다시 말해 내담자가 상담자에게 마음의 문을 열면 상담 진행은 수월해진다. 그리고 내담자가 상담자를 믿고 마음의 문을 더 넓게 열면 상담 효과가 더욱 좋아지게 될 것은 자명한 이치이다. 반면에 내담자가 마음의 문을 열지 않으면 상담은 훨씬 어려워지고 실패할 가능성도 커진다.

내담자가 마음의 문을 연다는 것은 자신의 속내를 드러낸다는 것이고 꾹꾹 눌려있는 자기의 문제를 상담자 앞에 내어놓는다는 의미이다. 또한 그렇게 될 때 내담자의 문제가 쉽게 해결될 수 있다는 뜻이기도 하다.

심리적인 문제 해결은 상담자가 내담자의 문제를 정확하게 인식하는 것에서 시작된다. 그렇지만 내담자가 상담자 앞에서 계속 가면을 쓰고 있으면 그것이 아예 불가능하다. 그런 상태는 상담자와 내담자 모두에게 아무런 도움이 되지 않는다.

내담자는 상담에 임할 때 자신의 가면을 벗어야 한다. 이것은 내담자가 해야 할 일이다. 하지만 그리 쉬운 일은 아니다. 그래서 상담자의 도움이 필요하다. 상담자는 내담자가 가면을 벗을 수 있도록 믿음을 심어주고 상담 분위기를 리드해야 한다. 이것은 상담자가 해야 할 일이다. 이런 역할을 잘 감당하기 위해서는 상담자가 내담자의 문제에 대한 보다 깊은 공감과 이해 그리고 세심한 배려가 뒤따라야 한다.

트라우마 치유와
자기계발을 위한 심리멘토링

솔직한 글이 감동을 준다

나는 오랫동안 시인 겸 문화평론가로 활동하면서 다양한 장르의 글들을 써왔다. 그리고 문학 강좌에서 많은 사람들에게 글 쓰는 방법론을 가르치기도 했다.

그런 나에게 사람들은 때때로 "어떤 글이 좋은 것인가요?"라는 질문을 하곤 한다. 그럴 때 나는 주저하지 않고 이렇게 대답한다. "솔직하게 쓴 글이 좋은 글이죠. 자기의 잘난 점을 미사여구를 동원해서 쓴 글들은 그다지 매력적이지 않아요. 조금은 서툴더라도 자신의 못나고 부족한 점을 소박하게 서술한 글들이 가슴에 와 닿고 때로는 감동을 느끼게도 합니다. 그래서 고급 작가일수록 자신의 치부를 드러내는 데 익숙하지요. 습작기에는 괜히 자신의 약점을 드러냈다가 망신을 당하지 않을까 하는 우려 때문에 적당히 가려야 할 부분은 가려서 글을 쓰지만, 수준이 높아질수록 글이 진솔해집니다. 글을 쓰면서 자기성찰이 그만큼 깊어지기 때문이죠. 그것은 자신의 가면을 스스로 벗을 수 있어야 고급 작가가 될 수 있다는 말이기도 합니다. 사람은 가면을 벗으면 누구나 비슷하니까요. 크게 다른 사람은 거의 없습니다. 그래서 가면을 벗고 쓴 작가의 글은 수치를 당하기보다 오히려 독자들의 공감을 얻게 됩니다."

　그렇다. 글과 마찬가지로 어떤 형태로든 자기 자신을 있는 그대로 표현하면 다른 사람들로부터 진솔한 피드백을 받게 된다. 그리고 그렇게 하다 보면 점점 자신감도 생기고 무엇보다 자신이 당당해짐을 느낄 수 있다.

　예를 들어 발표공포증이 심한 사람이 남들 앞에 서면 당연히 긴장되고 떨릴 것이다. 그럴 때 "저는 지금 너무 긴장되고 떨립니다. 얼굴도 화끈거리고요. 무슨 말을 해야 할지 모르겠네요. 머릿속이 하얘집니다."라는 말부터 할 수 있다면 그 다음부터는 말하기가 좀 더 편해진다. 그리고 자신이 언제부터 발표공포증을 갖게 되었는지 또 그동안 발표공포증으로 인해 얼마나 힘들었는지를 있었던 사실 그대로 표현하게 되면 상황은 크게 달라질 수 있다. 차츰 마음의 여유가 생기는 것이다.

　하지만 지나치게 자존감이 낮거나 열등감이 심한 사람은 아예 이런 말을 하는 것조차 어려울 수도 있다. 또한 자칫 용기를 내어 이런 말을 하더라도 도중에 누군가가 웃거나 째려보는 듯한 인상을 짓고 있는 것을 느끼게 된다면 상황은 더 나빠질 수도 있다. "역시 나는 안 돼. 저 사람들은 지금 나를 비웃고 있잖아. 그리고 내가 덜덜 떠는 모습을 보면서 내가 더 망가지기를 기대하고 있다는 걸 나는 알아."라는 생각에 사로잡혀서 그 다음부터는 아예 입을 닫고 살 수도 있다. 그래서 그런 경우에는 전문가의 도움을 받아서 자기 자신을 표현하는 체계적인 훈련을 받는 것이 필요하다.

삶의 두 가지 주제
– 성장과 성숙 –

    성장과 성숙은 우리 삶의 두 가지 큰 주제(테마 Theme)이다. 사람은 누구나 성장에 대한 강한 욕구를 가지고 있다. 그래서 매슬로우(Abraham H. Maslow)는 '자아실현의 욕구'를 모든 욕구 중에서 가장 상위 개념으로 규정한 것이다. 그리고 자아실현을 이루기 위해 자기계발이 필요한 것도 앞에서 살펴본 바와 같다.

    반면에 성숙은 우리의 삶의 품격을 높이는 작용을 한다는 점에서 매우 중요한 개념이라 할 수 있다. 사람은 나이가 들수록 고상해지기를 원하는데 성숙은 바로 그런 역할을 담당하는 원동력이기 때문이다.

    성장이 넓게 뻗어나가는 것이라면 성숙은 깊이 내공을 쌓는 것이라고 요약할 수 있다. 그리고 '행동형'에 속하는 사람들은 대체로 성장에 관심이 많고 '사고형'에 속하는 사람들은 성숙에 관심이 많은 것이 특징이기도 하다.

    자수성가를 하거나 재산이 많은 사람들은 거의 성장에 관심이 많다. 그래서 최고급 아파트에 살면서 비싼 차를 타고 다니고 자신과 아내는 명품으로 치장을 하고 자녀들에게도 고액 과외를 받게 한다. 그리고 그 자녀들에게 "너희는 반드시 일류대학에 진학해야 돼."라고 독려하기도 한다. 그것이 나쁘다고 할 수는 없지만, 문제는 모든 것을 돈으로 해결하려 한다는 것이다. 특히 아내와 자녀들에게 생활비와 용돈을 넉넉하게 주는 것만으로 가장으로서의 책임을 다하고 있다고 주장하는 경우가 흔하다. 그래서 이런 경우에는 그 점에 불만을 가진 아내들이나 자녀들의 상담 신청이 유난히 많은 편이다.

"우리 아빠는 저를 도무지 이해하지 못해요. 먹고 사는 데 지장 없고 용돈도 많이 주는데 무슨 불만이 있느냐는 식이에요. 제 고민은 아예 알려고도 하지 않아요."

대학교 3학년인 딸이 이렇게 말하면 "아니, 저는 가정을 위해서 열심히 일한 죄⑦밖에 없어요. 가족들이 배불리 먹고 하고 싶은 것을 마음껏 할 수 있도록 최선을 다했다고요. 그런데 제 아내와 애들은 그걸 도무지 알아주지 않아요." 하고 아버지가 퉁명스럽게 대꾸한다. 결국 이런 아버지와 자녀들은 자신들의 입장만 내세울 뿐 진실한 소통의 필요성조차 제대로 인식하지 못하는 미성숙한 모습을 보이고 있는 것이다.

이 외에도 실제 상담 현장에서는 미성숙한 내담자들을 자주 만날 수 있다. 대표적인 경우가 '마마보이들'이다. 그들은 이미 성인이고 덩치도 크지만 어머니의 치마폭에서 벗어나지 못한다. 심지어는 결혼을 해서 자녀까지 둔 30~40대의 아빠인데도 아내보다는 자기 어머니에게 더 의지하고 그 어머니가 결정하는 대로 따르는 경우가 적지 않다. 이럴 경우에는 그 아내의 불만이 이만저만 큰 게 아니다. "제가 어린아이를 데리고 사는 기분이에요. 툭~하면 자기 엄마한테 일러바치고 그럴 때마다 시어머니는 저만 야단치시고… 도저히 같이 못 살겠어요." '마마보이'를 남편으로 둔 주부 내담자들이 자주 하는 하소연이다. 이런 유형의 내담자들에게는 '성숙'에 비중을 두고 상담을 진행하는 것이 필요하다.

그런가 하면 내성적이고 학구열이 높은 내담자들은 대체로 성숙에 관심이 많다. 30대 중반의 L씨는 한국에서 대학을 졸업하고 독일로 유학을 떠났다. 그리고 독일 유학 중에 만난 미국 청년과 결혼을 했고 결혼 후에는 미국으로 이주했다. 그런 L씨에게 심한 우울증이 찾아온 것은 미국에서의 생활을 2년 남짓하고 나서부터였다. 그녀는 남편에게 지나치게 의존적인 모습을 보이고 있었다. 그녀의 남편은 꽤 규모가 큰 기업의 연구원으로 근무하며 연봉을 상당히 많이 받지만 그녀는 경제적인 활동을 전혀 하지 않았다. 그래서 남편의 수입으로만 생활하는데 그녀가 경제적인 활동을 하지 않는 이유는, 그녀의 남편이 싫어한다는 것이었다. 그래서 그녀는 자신이 하고 싶은 공부를 할 뿐 다른 활동은 거의 하지 않고 지냈다. 공부한다고 해서 학위를 취득하는 과정 중인 것도 아니었다. 독일에서 석사 학위를 받았지만, 미국으로 이주하고 나서는 자신이 좋아하는 철학이나 인문학에 대한 공부를 도서관이나 집에서 독학하는 정도였다. 그녀는 지식에 대한 탐구심이 강했고 철학적인 사유를 즐기는 '사고형'에 속했다. 하지만 현실적으로는 너무나 무기력했다. 그녀는 30대 중반의 나이가 될 때까지 직업을 가져본 적이 없었다. 결혼 전까지는 학비와 생활비를 그녀의 부모가 지원을 해줬고 그녀 자신도 구태여 돈을 벌려고 노력하지 않았다. 심지어는 아르바이트도 해본 적도 없었다.

미국인인 남편은 합리적인 편이었지만, 시간이 지날수록 그녀를 무시하는 경향이 심해졌다. 걸핏하면 폭언을 일삼았고 생활비도 꼭 필요한 만큼만 주면서 생색을 내기 일쑤였다. 생활비 이외의 나머지 수입은 자신이 직접 관리했다.

그녀는 그런 남편이 싫었지만 막상 이혼하기도 두려웠다. 이혼하고 나서 혼자 살아갈 자신이 없었기 때문이다. 그녀의 명의로 된 집이나 부동산도 없었고 은행 잔액도 거의 바닥 수준에 불과했다. 미국인 남편이 그녀를 철저하게 무력화시켰다고 볼 수 있다. 하지만 그녀 자신이 그것을 용납했기 때문에 가능한 일이었다. 그녀는 이미 그런 삶의 방식에 익숙해져 있었던 것이다.

"남편을 증오하지만 이대로 살 수밖에 없다는 걸 저는 잘 알아요. 사실 제 남편도 불우한 어린 시절을 보냈기 때문에 자존감이 낮고 남을 배려하는 법을 몰라요. 알고 보면 불쌍한 사람이죠."

약 6년 만에 한국을 방문한 그녀가 상담 도중에 내게 한 말이다. 그리고 그녀는 자신의 무기력함과 남편에 대한 연민과 증오심이 동시에 작용하는 양가감정을 갖고 있다는 사실과 자신은 앞으로도 계속 의존적으로 살 수밖에 없을 것이라는 사실을 논리정연하게 설명했다.

나는 그녀가 지식적인 성장에만 관심이 컸을 뿐 현실적으로는 파경 직전까지 내몰린 상황이 너무나 안타까웠다. 그녀는 지식이 내면의 성장을 가져오고 내면이 성장할수록 삶이 풍요로워진다는 신념을 가지고 있었다. 그리고 '지식적인 성장'을 '성숙'이라고 착각하고 있었던 것이다. 이런 유형의 내담자들에게는 '성장'과 '성숙'에 대한 개념을 정확하게 이해시키고 제대로 된 성장 동력을 마련하는 동기부여에 중점을 두고 상담을 진행하는 것이 필요하다.

성장은 삶에 활력을 불어넣는 동력으로 작용하지만 '출세지상주의'와 '물질에 대한 집착'을 야기할 가능성이 상존한다. 그리고 나이가 들수록 '천박'해질 가능성도 커지게 된다. 반면에 성숙은 삶에 의미를 부여하는 동력으로 작용하지만 나이가 들수록 '무기력증'에 빠질 가능성이 커질 수 있다.

그래서 성장과 성숙에 대한 성찰이 누구에게나 필요하며 나이가 들수록 더욱 깊은 자기성찰이 요청되는 것이 우리의 삶이다. 그리고 그러한 성찰이 바로 우리의 삶을 풍요롭게 만드는 또 다른 동력임을 진실로 깨닫게 될 때 우리는 비로소 '행복'이라는 이름 앞으로 더 가까이 다가가게 될 것이다.

심리 증상을 갖고
태어나는 것은 아니다

나는 내담자들에게 자주 이런 말을 한다. 당신이 겪고 있는 증상을 갖고 태어난 것은 아니라고. 이 말은 어떤 증상이든 세상에 태어나서 생긴 것이라는 메시지를 담고 있다. 생각해보라. 결벽증을 갖고 태어나는 사람이 있는지 또 발표공포증을 갖고 태어나는 사람이 있는지를. 물론 신체적인 증상을 갖고 태어나는 경우는 더러 있다. 앞을 못 보는 소경이라든가 팔다리가 없는 기형아라든가 벙어리 등은 우리 주위에서 종종 볼 수 있는 장애인들이다. 또한 '다운증후군'과 같은 정신지체를 가지고 태어나는 경우도 있기는 하다. 하지만 심리적인 증상은 선천적으로 타고나는 경우가 거의 없다. 다만 신경증에 걸릴 가능성이 큰 상태 즉 지나치게 예민하다거나 약한 기질을 갖고 태어날 수는 있다. 그리고 그런 성향이 불안정한 환경으로 인해 '신경증'으로 발전하는 경우는 매우 흔하다.

그러나 그럼에도 불구하고 한 가지 분명한 사실은, '신경증' 자체를 갖고 태어나는 사람은 없다는 것이다. 내가 '신경증'을 갖고 태어나지 않았다는 것은 그 말을 듣는 것만으로도 큰 위안이 된다. 내가 가진 증상이 아무리 심해도 적절한 치료를 받으면 충분히 고칠 수 있다는 희망을 갖기에 충분한 요인으로 작용하기 때문이다.

심리상담에 있어서 희망은 대단히 중요한 동기로 작용한다. 내가 가진 증상이 반드시 치유될 수 있다는 믿음의 다른 축이기 때문이다. 희망과 믿음은 우리 삶의 모든 경우와 마찬가지로 트라우마 치유에도 가장 중요한 덕목임이 분명하다. 그래서 상담자는 내담자 스스로가 희망의 불씨를 키울 수 있도록 시기에 따라 적절하게 동기부여를 하는 것이 매우 필요하다.

마음껏 걱정하라

이 세상에 아무런 걱정 없이 살아가는 사람이 있을까? 아마 없을 것이다. 아무리 담대하고 낙천적인 사람이라 할지라도 약간의 걱정거리는 있게 마련이며, 그로 인해 잠 못 이루는 경우가 일생에 몇 번쯤은 반드시 있을 것이기 때문이다. 그런가 하면 하루 종일 걱정을 달고 사는 사람도 있다. '걱정도 팔자'라는 말처럼 한순간도 걱정하지 않으면 견디지 못하는 사람도 분명히 있다.

지난 2008년도에 국내에 소개된 책 『느리게 사는 즐거움』에서 저자인 어니 J. 젤란스키는 "우리가 하는 걱정거리의 40%는 절대 일어나지 않을 사건들에 대한 것이고 30%는 이미 일어난 사건들이고 22%는 사소한 사건들이며 4%는 우리가 바꿀 수 없는 사건들에 대한 것이다. 그리고 나머지 4%만이 우리가 대처할 수 있는 진짜 사건들이다. 즉 96%의 걱정거리는 쓸데없는 것이다."라고 주장했다. 그리고 대부분의 사람들은 이 주장에 공감한다. 하지만 그런 줄 알면서도 사람들은 여전히 걱정하면서 살고 있다.

우리가 걱정하게 되면 신경이 예민해지고 온몸이 긴장 상태에 빠져든다. 그리고 그런 상태가 오래 지속되면 아드레날린의 과다 분비로 인해 건강에 문제가 생기게 된다. 물론 이 정도는 누구나 알고 있는 상식에 속한다. 그런데 그런 줄 뻔히 알면서도 걱정을 멈추기는 참으로 어렵다. 사람이 일단 걱정에 휩싸이게 되면 걱정이 걱정을 불러일으키고 또 다른 걱정이 줄줄이 이어지는 악순환이 반복되기 때문이다.

이 문제를 해결하는 비결은 의외로 간단하다. 그 비결은 걱정을 하되 마음껏 하는 것이다. 우리가 걱정을 하게 되면 우리의 뇌는 이것을 방어하라는 명령을 내리고 우리의 몸과 마음은 걱정에 대항하는 전투 태세에 돌입한다. 그로 인해 우리의 몸과 마음은 경직되고 긴장상태에 놓이게 되는 것이다. 하지만 우리가 일단 그 방어기제를 자유롭게 풀어 놓으면 걱정이 걱정 아닌 형태로 전환된다. 그리고 그 방어기제를 풀어 놓는 방법이 바로 걱정을 마음껏 하는 것이다.

사실 우리는 걱정을 하면 좋지 않다는 관념을 갖고 있다. 그래서 의식적으로 걱정을 피하거나 억지로 걱정을 안 하려는 억압을 시도하게 된다. 하지만 그렇게 하게 되면 걱정은 더 힘이 강해져서 우리를 공격한다. 그리고 결국 그 걱정이 우리의 마음을 정복하게 되는 것이다. 그런데 우리가 일단 "마음껏 걱정해도 된다."라는 메시지를 뇌에 입력하게 되면 우리의 뇌는 그것을 인지하고 걱정이 침투해도 방어하라는 명령을 더 이상 내리지 않는다. 그렇게 되면 걱정은 급격하게 힘이 약화되고 저절로 물러가거나 주변을 서성거리는 정도로 사소하게 변하게 되는 것이다.

반성은 하되 후회는 하지 말라

대부분의 사람들은 거의 날마다 후회를 한다. 잠자리에 들기 전에 그 날 있었던 일들을 생각해 보면 그 중에 한두 가지는 반드시 후회스러운 일이 떠오르기 마련이다. 그래서 그 생각을 곱씹으며 잠을 이루지 못하는 경우가 허다하다.

하지만 반드시 알아야 할 것은 "반성은 하되 후회를 해서는 안 된다."는 것이다. 그 이유는 이렇다. 사람이 어떤 일을 할 때는 나름대로 최선을 다한다. 그러나 그럼에도 불구하고 그 결과가 항상 좋게 나오지는 않는다. 어떤 경우에는 전혀 엉뚱한 결과가 발생하기도 한다. 예를 들어서 자기는 좋은 의미에서 누군가에게 정중하게 조언을 했는데 그 말을 들은 상대방은 몹시 불쾌하게 여기며 역정을 낼 수도 있다. 그럴 경우, 대개는 그 말을 한 것을 후회하게 된다. 하지만 그것은 결코 그 말을 한 사람의 잘못이 아니다. 오히려 그 말을 곡해해서 들은 상대방에게 더 큰 잘못이 있다. 이런 경우에는 후회 대신 반성을 하는 것이 온당하다. 즉 "그 조언을 꼭 그때 하지 않고 그 사람의 화가 누그러진 다음에 했으면 좋았을 텐데…" 라든가 "내가 말할 때의 어투가 상대방에게 거슬렸을 수도 있었겠다." 라든가 "그 말을 하는 대신 그 사람의 심정을 헤아려서 위로를 해줬으면 더 좋았을 텐데…" 등등. 이런 생각을 하면서 자기의 작은 불찰도 분명히 있었음을 인정하고 반성하게 된다면 오히려 마음이 차분해지고 겸손해짐을 느낄 수 있다.

그러나 반면에 그 일에 대해서 후회를 하게 되면 자책감에 시달리게 되고 상대방에 대한 원망이 생기게 된다. 이것은 자신과 상대방 모두에게 아무런 유익이 되지 않을 뿐만 아니라 자기의 영혼을 파괴시키는 행위라는 사실을 알아야 한다. 그렇다. 후회는 자기의 영혼을 파괴시킨다. 왜냐하면 후회를 하게 되면 자기 자신을 정죄하는 결과를 낳게 되며 그로 인해 악한 생각이 깃들기 때문이다.

사람은 누구나 실수도 하고 실패를 하기도 한다. 이것은 어떤 일에 대한 결과이다. 그리고 사람들은 그 결과에 따라 희비가 교차되고 생각도 달라진다. 하지만 어떠한 경우에도 후회는 금물이다. 어쨌든 자기 자신은 그 일에 대해 최선을 다했다고 믿어야 하며 후회 대신에 반성을 하는 습관을 가지는 것이 매우 중요하다. 그렇게 되면 자기 자신의 인격이 한층 성숙해지고 지혜로워진다. 후회는 파괴적이지만 반성은 건설적이기 때문이다. 후회는 스스로를 속박하지만 반성은 스스로를 자유롭게 한다.

일일삼성(一日三省)이라는 말이 있다. 이것은 중국의 유학자인 증자(曾子)가 한 말로써 옛 성현들은 하루에 세 번씩 자신을 반성하며 인격도야에 힘썼다는 의미이다. 반성을 한다는 것은 결코 자신이 모자라기 때문이 아니다. 오히려 반성을 자주 하는 사람은 그렇지 않은 사람보다 실수나 불찰이 훨씬 적은 편이다. 그리고 반성을 자주 하는 사람은 웬만해서는 큰 실수나 실패를 하지 않는다. 왜냐하면 그만큼 매사에 신중해지기 때문이다. 반성은 하되 후회는 하지 말아야 할 이유가 여기에 있다.

트라우마 치유와
자기계발을 위한 심리멘토링

유머 감각을 키워라

1980년대 중반이었던 걸로 기억한다. 당시 미국의 대통령이었던 로날드 레이건은 한 청년이 쏜 총에 맞았다. 다행히 목숨은 건졌지만 미국의 현직 대통령이 피격당했다는 점에서 전 세계에 적지 않은 파문을 불러일으킨 사건이었다. 그런데 정작 레이건 자신은 총에 맞은 직후 병원으로 실려 가면서 자기 아내에게 "여보, 내가 살짝 피하는 걸 깜빡 잊었어."라고 했다고 한다. 그 말이 와전된 건지 사실인지는 확실치 않지만, 어쨌든 그런 상황에서 그렇게 여유로운 유머를 구사할 수 있었다면 가히 놀라운 일이 아닐 수 없다.

어떤 상황에서도 유머를 잃지 않는 태도, 그것은 삶을 즐겁게 살아가는 데 있어서 필수불가결한 요소이다. 지구상에서 가장 지혜로운 민족으로 불리는 유대인들은 유머의 힘을 잘 알고 있는 사람들임이 분명하다. 그들은 독일의 히틀러가 유대인 말살정책을 획책할 때 최후의 순간까지 유머를 잃지 않은 덕에 자신들의 정체성을 보존할 수 있었다. 아우슈비츠에서의 독가스로 인해 대량의 인명이 살상당할 때도 그들은 유머로써 희망을 유지할 수 있었다는 이야기는 유명하다. 그렇게 유머를 잃지 않음으로써 그들은 끝내 살아남았고, 수 천 년 동안 잃고 살았던 그들의 나라도 되찾을 수 있었던 것이다. 그래서 나는 유머러스하게 사는 법을 터득하면 삶의 절반은 이미 성공했다고 강조해서 말하고 싶다.

유머러스하게 사는 사람에게는 삶 자체가 즐거움이며 목적이다. 이 말은 우리의 삶에서 가장 중요한 것은 "어떤 일을 성취하는 것"이 아니라 "어떻게 사느냐."인 것임을 뜻한다. 유머러스한 사람들에게는 어떤 일을 성취하는 것은 삶의 일부분이고 수단일 뿐 그 자체가 목적이 될 수 없다. 그렇다. 인간은 그 자체가 목적이듯 삶도 그 자체가 목적이어야 한다. 그럴 때 사는 것이 즐거워지는 것이다. 그리고 그것이 지혜롭게 삶을 살아가는 방법이기도 하다.

물론 세상을 살다 보면 뜻하지 않는 역경이 닥쳐올 때도 있다. 그럴 때 대부분의 사람들은 자신의 신세를 한탄하거나 실의에 잠기게 된다. 하지만 그것은 문제 해결에 결코 도움이 되지 못 한다. 오히려 상황만 악화시킬 따름이다. 그럴 때일수록 냉철하게 판단하고 한 걸음 물러서서 유머러스하게 대처하는 것이 훨씬 효과적이다. 앞에서도 얘기했듯이 유대인들은 최악의 상황에서도 유머를 잃지 않았고 그 덕분에 그 어려운 상황을 슬기롭게 극복해 낼 수 있었다. 유머는 마음의 여유를 가져다주고 상황 판단을 훨씬 용이하게 해 주는 '아름다운 힘'이다.

다시 한 번 강조하지만, 지혜로운 삶을 위해서는 유머를 잃지 않고 항상 즐거움을 발견하도록 노력하는 자세를 견지하는 것이 중요하다. 유머러스하게 사는 법을 터득하면 삶의 절반은 성공했다고 믿어도 좋다.

···

정신, 마음, 영혼

흔히들 '사람은 몸과 마음으로 이루어진 존재'라고 말한다. 물론 이 말은 맞다. 사람은 눈에 보이는 육체와 눈에 보이지 않는 마음으로 이루어진 존재가 분명하다. 그런데 우리의 '육체'가 머리와 몸통과 팔, 다리로 구성되어 있는 것처럼 우리의 '마음'도 엄밀하게 말하자면 정신과 마음과 영혼으로 구성되어 있다. 우리의 정신은 이성(理性)을 담당하는 역할을 수행한다. 그리고 마음은 감정(感情)을, 영혼은 원초적 무의식(無意識)을 담당하는 역할을 맡고 있다. 이것을 등식으로 표현하면 다음과 같다.

정신=이성(생각)
마음=감정
영혼=원초적 무의식

우리가 이 세 가지를 포괄하여 '마음'이라고 부르지만 이처럼 구분하면 훨씬 이해하기가 쉽다. 그리고 이것은 분자와 전자와 원자핵과 같은 구조로 이루어져 있다. 즉 원자핵을 전자가 둘러싸고 있고 분자가 전자를 감싸고 있듯이 영혼을 마음이 둘러싸고 있고 정신이 마음을 감싸고 있는 것이다.

우리는 "정신을 차리고" 일이나 공부를 한다. 그리고 "마음을 가볍게" 가지기 위해 노력하며, "영혼이 상하지 않아야" 제대로 된 삶을 살수 있다고 생각한다. 만약 누군가가 "내 정신이 무겁다."라고 말한다면 그 표현이 다소 이상하게 들릴 것이다. 그리고 만약 "내가 마음을 차려야지."라고 하는 것도 마찬가지다. 이럴 때는 "내 마음이 무겁다."라고 해야 하며, "내가 정신을 차려야지."라고 해야 옳은 표현으로 들린다. '정신'과 '마음'이 다름을 이를 통해서 확인할 수 있다.

정신과 마음과 영혼은 각각의 영역이 구분되어 있지만 이 세 가지는 또한 유기적으로 연결되어 있다. 이것을 구체적으로 설명하자면, 먼저 마음은 정신의 지배를 받는다. 우리의 감정은 이성 즉 생각이 컨트롤한다는 것이다. 예를 들어서 누군가가 나에게 "너를 보면 괜히 화가나. 저리로 썩 꺼져."라고 말한다면 내 기분이 나빠진다. 자, 여기서 내가 기분이 나빠지는 것은 누군가가 나에게 거슬리는 말을 했기 때문이다. 나는 그런 말을 들을만한 행동을 하지 않았는데도 불구하고 누군가가 불쑥 나에게 그 말을 했기 때문에 내 감정이 상한 것이다. 이때의 상황을 순서로 매겨보면 이렇다. 첫 번째는 누군가가 내게 거슬리는 말을 했고, 두 번째는 나는 그 말을 들었고, 세 번째는 그로 인해 내 기분이 나빠졌다. 그리고 이것은 어떤 자극에 대한 나의 반응으로 정리해 볼 수 있다.

사람은 누구나 어떠한 자극에 대해 적절한 반응을 한다. 그런데 그 자극에 대한 반응은 제각기 다르다. 누군가는 자신에게 싫은 말을 해도 그냥 웃고 넘기는가 하면, 누군가는 대수롭지 않은 말 한마디에도 지나치게 예민한 반응을 보이기도 한다. 이것은 각 사람이 갖고 있는 가치관과 신념이 다르기 때문에 나타나는 현상이다. 즉 평소에 "다른 사람을 너그럽게 대하고 이해하려고 노력해야지."라는 생각을 하는 사람과 "나에게 잘못한다면 누구라도 용서하지 않고 반드시 복수해야지."라고 생각하는 사람은 어떤 자극에 대해 전혀 다르게 반응할 수밖에 없다. 이 대목에서 알 수 있는 것은 우리의 생각이 우리의 행동을 결정한다는 것이다. 이것은 다시 우리의 정신이 우리의 마음을 지배하고 있다는 말로 설명할 수 있다.

하지만 우리의 감정은 너무나 복잡하다. 앞에서 살펴본 대로, 인간은 영유아기 시절에 부모와의 관계가 어떠했는가에 따라 그 사람의 본능적인 욕구가 왜곡되어 있을 가능성이 크기 때문이고 또한 자라면서 주위 환경이 어떠했는가에 따라서 그 사람의 성격이 건강하게 형성되지 못했을 수도 있기 때문이다. 그래서 각 사람의 성향이 달라지는 것이며 정신적으로 상처가 많은 사람일수록 감정조절이 어려운 것이다.

심리학적으로 말하자면, 이성은 감정을 결코 이길 수 없다. 이 말은 우리가 아무리 이성적으로 노력을 해도 우리의 생각은 감정을 억누르지 못한다는 의미이다. 예를 들어서 내가 누군가에게 자존심이 상하는 심한 욕설을 듣고 기분이 나쁘다면, 그 상태에서 아무리 기분을 좋게 가지려고 해도 내 기분이 좋아지는 다른 일이 생기기 전까지는 그 상태에 머무르게 된다. 즉 머리로는 이해가 되지만 가슴으로는 도저히 받아들여지지 않는 것이다. 그렇다면 이런 의문이 생길 수도 있다. 앞에서는 감정은 이성의 지배를 받는다고 하고서 이제는 또 어째서 이성이 감정의 지배를 받는다고 하는 걸까 라는.

이에 대한 대답은 이렇다. 인간은 누구나 환경의 지배를 받으며 자라게 된다. 그런데 그 환경이 건강하고 성숙하다면 그 사람의 인격도 건강하고 성숙하게 형성되지만 그 환경이 열악하고 미성숙하다면 그 사람의 인격도 불안정하고 미성숙하게 형성되기 마련이다. 그리고 성숙한 인격을 갖춘 사람은 당연히 자극에 대해서도 성숙하게 반응을 하고 미성숙한 인격의 소유자는 자극에 대해서도 미성숙하게 반응을 하게 된다.

그러면 어떻게 해야 잘못 형성된 인격을 올바르게 변화시킬 수 있을까? 정신과 의사나 심리학자들은 정신분석학적인 '카운슬링'을 통해서 그런 노력을 시도한다. '카운슬링'의 기본 원리는 그 사람의 무의식을 일깨우는 것이다. 카운슬러는 상담을 할 때 내담자 즉 상담을 받는 사람과의 대화를 통해 그 사람의 무의식에 잠재해 있는 상처들을 의식의 영역으로 떠오르게 한다. 그런 다음 내담자가 그 상처를 충분히 인지하도록 유도하고 억압된 감정을 해소시킴으로써 감정의 전환을 도모하는 것이다.

하지만 아주 어릴 적의 정신적인 상처들은 대개 부정, 억압, 회피 등의 방어기제가 워낙 강하게 작용을 해서 고착화된 경우가 많으므로 정신분석학적인 '카운슬링'으로도 치유하기가 쉽지 않은 것이 사실이다. 그래서 최근에는 행동요법이나 약물치료를 병행하는 사례가 늘어나는 추세를 보이고 있다.

이 문제와 관련해서 결론을 말하자면, 사람은 이성적으로 판단하고 감정적으로 행동한다. 그리고 행동을 변화시키는 것은 이성이 담당하며, 오직 이성만이 감정을 변화시킬 수 있다. 흔히들 '인간은 감정의 동물'이라고 하지만 그 감정은 구조적으로는 이성의 지배를 받는다. 그래서 반드시 이성을 통해서라야 왜곡된 감정을 바로 잡을 수 있다. 아울러 그 모든 것을 관장하는 것은 바로 '영혼' 즉 원초적 무의식인 것이다. 오늘날 정신과 병원이나 심리상담센터에서 '카운슬링'을 받는 사람들은 의외로 많다. 그리고 '카운슬링'을 받아야 할 사람들은 더 많다. 그것은 사람들에게 상처가 그만큼 많다는 방증(傍證)이며, 이 세상 자체가 상처를 생산하는 거대한 공장⑦이라는 의미이기도 하다.

내 삶은 왜 좀처럼 바뀌지 않을까?
– 무의식은 변화를 싫어한다 –

　새해가 되면 사람들은 신년계획을 세운다. 올해는 좀 더 열심히 일하고 건강을 위해 일주일에 3회 이상 운동을 해야지. 술도 줄이고 담배도 끊어야지. 음식 조절을 잘해서 다이어트에 성공할 거야 등등. 하지만 그런 다짐에도 불구하고 실제로는 작심삼일로 끝나는 경우가 적지 않다. "이것은 내 의지가 약하기 때문이야."라고 생각하고 더 열심히 노력해 봐도 결과는 신통치 않다. 그래서 "역시 나는 안 돼." 라고 자책하면서 아예 포기하는 경우도 많이 있다.

　삶의 패턴을 바꾼다는 것은 단순히 의지만으로는 어렵다. '변화'를 싫어하는 우리의 무의식이 계속 방해하기 때문이다. 그렇다면 어떻게 해야 내 삶이 바뀔 수 있을까? 우선은 그 전제 자체가 잘못된 발상임을 알아야 한다. 즉 내 삶은 나쁘기 때문에 바뀌어야 한다는 그 전제, 나는 내 자신이 마음에 들지 않기에 그런 생각을 하는 것이다. 이것은 내가 부정적인 자아상을 갖고 있다는 반증이다. 그래서 무엇을 하든 나는 내 자신이 "잘한다."든가 "멋지다."든가 "훌륭해."라고 만족하며 너그러워질 수가 없다. 그리고 끊임없이 남과 비교를 하게 된다.

사람들은 강박적으로 자기 자신이 바뀌어야 된다고 생각한다. 부자든 가난한 자든 지위가 높든 낮든 나이가 많든 적든 자신을 바꾸려는 생각에는 큰 차이가 없다. 심지어는 외모도 바꾸기 위해 성형수술을 하는 경우도 자주 볼 수 있다. 왜 자신을 바꾸려고 하는가? 라는 질문에 대한 대답은 "너무 게을러서", "인내심이 부족해서", "소심하고 인간관계가 원만하지 못해서", "너무 뚱뚱해서" 등등 여러 가지가 있다. 이 대답들을 종합해보면 "완벽해지고 싶어서"라는 말로 요약할 수 있다. 그렇다. 나는 완벽해지고 싶은 것이다. 외모나 성격, 능력이 완벽하지 못한 것이 불만이다.

만약 누군가가 그런 사람에게 "당신은 완벽합니다."라고 한다면 어떤 반응을 보일까? 아마 손을 내저으며 "아뇨. 나는 모자라고 부족한 게 너무 많아요."라거나 "아니, 내가 신(神, God)도 아닌데 완벽하다니… 당신 제정신이야?"라고 하면서 화를 낼지도 모른다. 하지만 그것은 어디까지나 의식적인 반응이다. 우리의 무의식적인 반응은 "나는 계속 이대로 살 거야. 지금까지 살아온 방식을 바꾸긴 싫어."라는 것이다. 우리가 흔히 '내면 아이'라고 부르는 무의식은 고집이 세다. 황소고집이다. 그래서 '내면 아이'를 당할 장사⑦가 없다. 결국 우리의 내면은 의식과 무의식의 갈등을 끊임없이 겪게 되지만 승리하는 쪽은 항상 무의식이다. 그리고 이것이 바로 우리가 변화하기 어려운 이유인 것이다.

자신을 바꾸려는 생각 자체를
포기하는 것이 진짜 바뀌는 것이다

　지금도 사람들은 자기 자신을 바꾸려는 시도를 계속하고 있다. 그런 노력은 꼭 필요하고 좋은 것이라는 사회적인 통념에 따라 '자기계발'이라는 미명 하에 도전과 정진을 하는 것이 일반적인 삶의 패턴이다. 그것 역시 좋고 나쁜 문제는 아니다. 그럴 수 있다. 하지만 그것은 일종의 자기학대에 속한다.

　사실 나는 꽤 괜찮은 사람이다. 외모나 성격이나 능력과 상관없이 나는 나 자체로서 독립된 인격체이며 나만의 세계를 가지고 있다. 그런데 문제는 다른 사람과 내 자신을 자꾸 비교한다는 것이다. 물론 인간은 사회적 동물이기 때문에 남을 의식하지 않을 수 없다. 하지만 굳이 남들이 좋다는 것을 따라 하려고 하거나 자신이 뒤처진다는 느낌이 드는 것을 참지 못하고 남들과 보조를 맞춰야 한다는 생각은 자기답지 못한 것이다.

　누구처럼 살아야 한다는 것은 "내 인생보다 그의 인생이 더 좋아."라는 말과 같다. 이것은 내일을 기다리는 비유와도 일맥상통한다. 내일은 오늘보다 더 좋을 것이라는 생각은, 지금은 좋지 않다는 말이기 때문이다.

사람은 자기답게 사는 것이 가장 자연스럽다. 자기 자신을 있는 그대로 받아들이면 편안하고 자유롭다. 그리고 그렇게 사는 것이 순리이다. 그런데 남이 하는 대로 따라 한다든가 모방하거나 흉내 내는 것은 역리이며 자기 몸에 맞지 않는 옷을 입고 사는 것과 같다.

자기 자신을 바꾸는 것은 굳이 그럴 필요가 없다는 사실을 아는 것이 곧 시작이고 끝이다. 즉 "나는 바뀌지 않아도 괜찮아."라고 생각할 수 있다면 그것이 진짜 바뀌는 것이다. 그전까지 자신을 끈질기게 압박했던 "나는 반드시 바뀌어야 해."라는 생각이 바뀌면 모든 것이 바뀌게 된다. 그것이 진정한 변화인 것이다.

심리치료는 증상을
완전히 없애는 게 아니다

N씨는 강박증이 심한 편이다. 그는 어떤 생각이나 행동에 꽂히면 온종일 다른 일을 하지 못한다. 예를 들어 아침에 집을 나서다가 자동차 번호판의 '머' 자를 보게 되면 '머피의 법칙'이 떠올라서 불안감에 사로잡히고 누군가가 가까이서 기침만 해도 '병'이 옮을까 봐 그 자리를 벗어날 때까지 숨 쉬는 것도 참아야 한다.

N씨_ 저 같이 강박증이 심한 사람도 고칠 수 있습니까?

그는 상담할 때마다 이렇게 묻곤 한다.

김지우_ 물론 고칠 수 있습니다. 쉽지는 않지만요.

N씨_어떻게요?

김지우_ 선생님은 우선 강박증을 갖고 태어난 것이 아니라는 사실을 알아야 합니다. 강박증은 태어나서 생긴 증상이지요. 그리고 모든 사람은 약간씩의 강박증을 갖고 있으며, 강박증은 필요하다는 것도 알아야 합니다.

N씨_ 강박증이 왜 필요하죠?

김지우_ 강박증이 전혀 없으면 세상은 난리가 납니다. 문을 잠그지 않아서 도둑이 들어올 수도 있고 가스를 켜놓고 확인을 하지 않으면 화재가 발생할 수도 있지요. 우리는 누구나 강박증을 갖고 있기 때문에 그런 일이 자주 발생하지 않는 겁니다. 그런 점에서 강박증은 필요합니다. 또한 결벽증도 마찬가지인데요. 결벽증이 전혀 없으면 사람은 병에 걸려서 오래 살지 못합니다. 우리는 결벽증이 있기 때문에 위생에 관심을 기울이고 주의하게 되는 거죠.

N씨_ 그렇다면 강박증과 결벽증이 좋다는 말인가요?

김지우_ 그것은 좋다 나쁘다고 판단할 수 있는 문제가 아닙니다. 강박증과 결벽증이 심하면 생활하는데 상당히 불편하겠죠. 하지만 강박증과 결벽증을 갖고 있다고 해서 꼭 불행하게 살아야 되는 것은 아닙니다. 삶이 불행해지는 것은 강박증이나 결벽증 때문이 아니라 그것을 거부하려는 내적 갈등이 직접적인 요인으로 작용하니까요. 물론 강박증과 결벽증이 심한 경우에는 적절한 치료를 받아야 합니다. 하지만 그 치료 역시 강박증과 결벽증을 완전히 없애는 것이 아니라 강박과 결벽 증세를 적절하게 유지하면서도 충분히 자신이 원하는 것을 할 수 있다는 사실을 받아들이는 힘이 커지게 하는 방식으로 진행되어야 합니다. 고혈압이나 당뇨병을 가진 사람들처럼 그런 증상을 갖고 있다 하더라도 자신이 원하는 생활을 하는 데 별로 지장이 없다는 인식이 커져야 한다는 것입니다. 강박증과 결벽증이 내가 원하는 목표를 이루는 데 결정적인 방해 요인으로 작용하도록 허용하지 않는 것이 치료의 목적이기도 합니다.

N씨_ 그렇지만 저는 강박증 때문에 생활하기가 너무 힘듭니다.

김지우_ 네. 그 점은 충분히 이해합니다. 그래서 지금 이렇게 심리상담을 받고 계시잖아요. 그런데 많은 분들이 "나는 강박증 때문에 아무것도 할 수 없어."라고 생각합니다. 학교생활도 힘들고 직장에 다니는 것도 괴롭고 대인관계에서 스트레스를 심하게 받는 것도 결국은 자신이 가진 강박증 때문이라는 것이죠. 나는 강박증 때문에 이것도 할 수 없고 저것도 할 수 없으며… 내 마음이 괴로운 것도 강박증 때문이고 사업이 안되는 것도 강박증 때문이고 모든 게 강박증 때문이라는 겁니다.

물론 이것이 전혀 틀린 말은 아닙니다. 하지만 그 밑바닥에는 "나는 학교 다니기가 싫어.", "직장도 마음에 안 들어.", "사람들과 어울리는 것도 지겨워." 라는 '진짜 마음'이 자리 잡고 있습니다. 그러니까 강박증은 자기가 하기 싫은 것을 하지 않아도 되는 수단으로 작용하는 셈이지요. 일종의 '합리화'라고 보시면 됩니다. 그렇기에 심리상담을 받아도 시간이 오래 걸리고 완치도 어려운 겁니다. 그리고 앞에서 말씀드린 대로 강박증이나 결벽증 자체를 없애려는 것은 매우 위험한 발상입니다. 적당한 강박증과 결벽증은 누구에게나 필요하기 때문입니다. 그래서 강박증을 완전히 없애려는 것은 팔이 저리고 걸리적거리니까 잘라버려야겠다는 발상과 같습니다.

지금까지는 심리증상을 말끔하게 없애는 것이 심리치료라는 인식이 지배적이었다. 그리고 지금도 그런 인식이 꽤 튼튼하게 자리 잡고 있는 것도 사실이다. 하지만 그런 방식으로 심리치료를 하는 것은 효율성이 낮다는 지적이 끊임없이 제기되고 있는 것 또한 엄연한 사실이다. 그리고 그것은 심리치료에 대한 개념의 재정립이 필요하다는 사실을 암시한다.

그렇다. 기존의 심리치료는 증상 위주로 진행되어 왔다. 감기나 만성 두통처럼 아픈 증세가 없어지는 것에 치료의 초점이 맞춰졌던 것이다. 물론 그것도 필요하다. 하지만 그것은 마음의 체질을 튼튼하게 하는 것이 근본치료라는 점을 간과할 위험성을 갖고 있다. 감기가 나았다고 하더라도 체질이 허약하다면 금방 재발할 수도 있기 때문이다. 체질을 튼튼하게 만드는 것은, 감기에 걸리더라도 그것을 이기는 힘이 커지게 한다는 의미이다. 마음의 체질을 튼튼하게 만드는 것은 심리적인 저항력을 키운다는 뜻이기도 하다. 심리적 저항력을 향상시키기 위해서는 "삶은 즐거운 것이다." 라는 인식이 내면에 확고하게 자리 잡는 것이 가장 확실한 방법이다. 다른 말로 하자면, 삶이 즐거워지면 모든 심리 증상은 사라지거나 저절로 개선된다는 것이다.

나는 이런 점들을 고려하여 '고효율 프레임 심리상담' 기법을 창안했다. 그리고 그 핵심은, 내 삶의 틀(프레임)을 〈괴로움〉에서 〈즐거움〉으로 바꾸는 것이다. 그것은 이 책의 프롤로그에서 언급한 대로 나무의 뿌리를 튼튼하게 치료하고 나무 주변의 토양도 좋게 바꾸는 것으로 가능하다. 나무의 뿌리가 튼튼해지고 나무 주변의 토양도 좋게 바뀌면 나무는 저절로 잘 성장한다. 그리고 다시 한 번 강조하지만, 그렇게 하는 것이 트라우마 치유는 물론 삶의 왜곡된 틀을 가장 바람직하게 바꿀 수 있는 방법이라고 나는 확신한다.

삶이 즐거워지는 것이
최고의 치료다

나는 정말이지 오랫동안 온갖 심리적인 증상에 시달리며 살았다. 그래서 빨리 그 증상들에서 벗어나고 싶었다. 하지만 '마음의 병'은 쉽게 고쳐지지 않았고 나는 점점 지쳐가고 있었다. 어떻게든 이 상태에서 벗어나야 할 텐데… 어쩌면 죽을 때까지 이 상태를 벗어나지 못하는 건 아닐까. 나는 두렵고 떨렸다. 마치 늪 속으로 빠져드는 것만 같았다. 어디에서도 희망은 찾을 수 없었다. 갈수록 짙어지는 어둠과 무서운 생각들 속에 나는 갇혀 있었다. 부모님이 원망스럽고 신은 더 원망스러웠다.

나는 신비주의적인 종교와 철학과 심리 연구에 매달렸다. 때로는 운명을 점치는 주역과 명리학에도 관심을 기울였다. 나는 현실도피적인 방편으로 초월적인 이상 세계에 심취했었다. 그렇게 꿈꾸는 시간이 즐거웠고 그것이 내게는 유일한 도피처였다.

하지만 현실적으로는 너무나 무기력한 내 자신이 한심하고도 불쌍했다. 나는 왜 사는가? 죽지 못해 산다고 할 수밖에 다른 답은 찾을 수 없었다. 하지만 그렇게 살고 싶지는 않았다. 도대체 나는 왜 사는가?

나는 심리적인 증상들이 고쳐지기만을 바랐다. 그 증상들에서 벗어나면 죽어도 여한이 없을 것 같았다. 내가 가진 심리증상만 없어지면 무한히 자유롭고 행복해질 것으로 믿었다.

그러던 어느 날 문득 이런 생각이 들었다. "나는 강박증에서 벗어나기 위해 살고 있지는 않은가? 나는 대인기피증과 온갖 심리증상들에서 벗어나기 위해 사는 것은 아닌가?" 하는.

그렇다. 나는 지금까지 오직 내가 가진 심리증상에만 관심이 있었다. 그것은 내가 심리증상들에 의존하고 매여 있었다는 의미이다. 즉 심리증상들이 내게 붙어있는 게 아니라 내가 심리증상들을 붙들고 있었던 것이다. 그러면서 내 삶은 전혀 즐겁지 않고 괴로울 뿐이라고 절규했다. 나는 강박증만 없어지면 모든 문제가 다 해결될 것으로 믿었고 그 방향으로 줄기차게 매진했다. 하지만 그럴수록 증세는 심해졌고 괴로움이 커지는 악순환만 되풀이될 뿐이었다.

그래서 나는 연구에 연구를 거듭해서 '고효율 프레임 심리상담' 기법을 창안하기에 이르렀고 내 자신에게 가장 먼저 적용하게 된 것이다.

나는 이제부터 심리치료의 대한 패러다임이 완전히 달라져야 한다고 강력하게 주문하고 싶다. 그것은 심리증상을 없애는 것이 아니라 삶이 즐거워지는 것이 치료의 목표가 되어야 하고 그 방향으로 심리치료가 진행되어야 한다는 뜻이다. 그래서 삶 자체가 즐거워지는 것, 그것이 최고의 치료이기 때문이다.

삶이 즐거운 사람에게는 트라우마가 가볍게 느껴진다
삶이 괴로운 사람에게는 트라우마가 무겁게 느껴진다

트라우마 치유와
자기계발을 위한 심리멘토링

내 삶이 즐거워지면 심리증상은 사소하게 여겨진다.

내 삶이 괴로우면 심리증상은 심각하고 무겁게 여겨진다.

그래서 심리증상을 없애는 데 초점을 맞추면 증세는 더 심해지고,

삶이 즐거워지는 데 초점을 맞추면 증세는 사라지거나 아주 가벼워

진다.

이것이 바로 내가 찾은 최고의 치료법이다.

나는 내가 좋아하는 것을 하면서 살고 싶다.
솔직히, 이것이 내가 세상을 살아가는 이유이다.

2부

자기계발을 위한
심리멘토링

· · ·

진정한 의미의 자아실현

단점을 고쳐나가면 평범한 사람이 되고,
장점을 키워나가면 특출한 사람이 된다.
－김지우

　자기계발은 자신의 잠재능력을 최대한 신장시켜서 자아실현을 이루는 데 그 목적이 있다. 사람은 누구나 성장에 대한 욕구를 가지고 있고 그것은 자연스러운 현상이다. 그래서 세상에는 자기계발서들이 범람하고 자기계발과 관련된 워크샵과 세미나도 끊임없이 진행되고 있는 것이 현실이다. 그리고 대부분의 자기계발전문가들은 자신이 원하는 것을 '끌어당김'의 법칙을 적용해서 얻는 방법을 제시한다. 즉 상상을 통해 자신이 원하는 것을 이미 얻었다고 생생하게 느끼게 되면 저절로 그것이 자신에게 이끌려 온다는 것이다. 이런 현상은 '꿈' 또는 '상상'을 강조하며 사람들의 성취 욕구를 자극한다는 점에서 상당히 매력적인 요인으로 작용한다.

　하지만 자기계발을 제대로 하기 위해서는 자기성찰이 선행되어야 한다. 나는 누구이며 왜 사는지 그리고 어떻게 살기를 원하는지에 대한

트라우마 치유와
자기계발을 위한 심리멘토링

답을 찾는 것이 매우 중요하다. 그래야 자기 자신에게 최적화된 자기계발을 할 수 있기 때문이다. 대부분의 사람들이 '성공'이라고 부르는 것은 부와 명예 그리고 권력에 초점이 맞춰져 있다. 하지만 자기계발을 통한 자아실현의 핵심적인 요소는 '행복'이라는 사실을 간과해서는 안 된다. 부와 명예와 권력은 행복하게 살기 위한 수단일 뿐이다. 부와 명예와 권력을 획득했다 하더라도 삶이 즐겁지 않다면 진정한 자아실현을 이루었다고 볼 수 없기 때문이다. 그렇기에 흔히 말하는 '성공'과 '자아실현'은 개념 자체가 다르다는 사실을 알아야 한다.

자기 자신이 진정으로 원하는 삶을 사는 데 필요한 것이 바로 자기계발이다. 그리고 여기서 제시하는 자기계발 방법론은 삶 자체가 즐겁고 행복해지는 진정한 의미의 자아실현을 이루는 과정에 관한 것이다. 그 내용은 다음과 같다.

동기를 부여하라

(1) 내가 사는 이유 _ 나는 내가 좋아하는 것을 하기 위해 산다

　회의실에는 많은 사람이 모여 있다. 청소년에서 노인에 이르기까지 다양한 연령층의 사람들이 서로 담소를 나누거나 주위를 둘러보며 워크숍이 시작되기를 기다린다. 오늘 진행할 워크숍의 주제는 '자기계발을 위한 심리멘토링'.

　이윽고 시간에 맞춰 나는 강단으로 올라간다.

　　김지우_ 여러분. 반갑습니다. 오늘 저는 여러분들과 '자기계발을 위한 심리멘토링'을 진행하기 위해 이 자리에 섰는데요. 먼저 제가 여러분에게 질문을 한 가지 하겠습니다. 여러분이 사는 이유는 무엇인가요?"

　　참가자_ 돈 많이 벌어서 가족들과 여행도 다니면서 즐기기 위해서요.

　　참가자_ 맞아요. 돈 많이 벌어서 맛있는 것도 많이 먹고 취미생활도 하고 또 소외된 이웃들도 도우며 살고 싶어요.

김지우_ 네. 사람은 누구나 자기가 좋아하는 것을 하기 위해서 삽니다. 그런데 여러분은 다들 자신이 좋아하는 것을 하면서 살고 계신가요?

참가자_ 글쎄요. 그런 것도 같고 아닌 것도 같네요. 그다지 만족스럽지는 않은 것 같아요.

김지우_ 그런가요? 그런데 사람은 자기가 하고 싶은 것을 하지 못하면 욕구불만이 쌓이게 되고 삶의 의욕도 떨어집니다. 바로 이것이 문제가 되는 거죠.

나는 내가 좋아하는 것을 하면서 살고 싶다. 솔직히, 이것이 내가 세상을 살아가는 이유이다. 그리고 다른 사람들 역시 자기가 하고 싶은 것을 하기 위해서 산다고 생각한다. 하지만 정작 자기가 하고 싶은 것을 하면서 사는 사람은 매우 드물다. 왜 그런 걸까?

그렇게 살 수 있는 여건이 안 갖춰져 있기 때문이란다. 돈도 없고 백도 없고 학벌도 보잘것없고 거기다가 인물도 받쳐주지 않기 때문이라고 한다. 들어보면 일리가 있다. 그 말은 거의 사실이다. 그런데 결론은 자기가 좋아하는 것을 하면서 살지 못한다는 것이다. 이것은 자기 합리화에 불과하다. 그렇다고 해서 자기가 좋아하는 것을 못 하는 이유로는 충분하지 않다. 돈이 없고 백도 없고 학벌도 보잘것없고 인물이 준수하지 않아도 본인이 열심히 노력하면 세계적인 영화기획자도 될 수 있다. 돈이 많고 백이 든든하고 학벌이 좋고 인물이 준수한 사람만 유명한 영화기획자가 되는 것은 아니지 않은가. 물론 반드시 영화기획자가 되어야 한다는 것은 아니다. 그리고 유명한 영화기획자가 된다고 하더라도 행복해진다는 보장이 있는 것은 아니지만 자기가 영화를 진실로 좋아한다면 영화기획자가 되어야 하는 충분한 동기로 작용할 수 있다.

　다시 말하지만, 사람은 자기가 좋아하는 것을 하기 위해서 산다. 그런데 막상 자기가 좋아하는 것을 하지 못하면 욕구불만이 쌓이게 되고 삶의 의욕도 떨어진다. 그래서 이 세상에는 불만족스럽게 사는 사람이 그렇게 많은 것이다. 하지만 드물기는 해도 자기가 좋아하는 것을 마음껏 하면서 만족스럽게 사는 사람들이 있는 것도 사실이다. 그리고 대부분의 사람은 그런 사람을 부러워한다. 어떻게 하면 자기가 좋아하는 것을 마음껏 즐기며 살 수 있을까? 그것은 자기가 정말 좋아하면서도 잘할 수 있는 일을 찾아서 자기계발을 충실하게 할 때 가능하다.

(2) 어떻게 살고 싶은가?

김지우_ 자, 그렇다면 여러분은 어떻게 살고 싶은가요?

참가자_ 안정된 직업을 가지고 취미생활도 즐기면서 조금은 여유롭게 살고 싶습니다.

참가자_ 우선은 제 자신과 가족 모두가 건강해야 하겠고요. 경제적으로 안정된 가운데 가정이 화목하면 좋겠어요. 그리고 여유롭게 여행을 자주 다니면서 살고 싶어요.

김지우_ 아주 소박한 꿈을 갖고 계시는군요.(웃음) 그런데 선생님은 혹시 UN사무총장이 되는 꿈을 가져보신 적은 없나요?

참가자_ 어릴 적에는 대통령이나 세계적으로 유명한 사람이 되고 싶다는 생각도 해 보긴 했지요. 하지만 나이가 들수록 그것이 너무나 터무니없는 생각인 것을 알게 되었고 좀 더 현실적인 비전을 찾게 되었죠.

김지우_ 실례지만 올해 나이가 몇 살인가요?

참가자_ 40대 중반입니다.

김지우_ 그렇다면 10년이나 20년 후에 UN사무총장이 될 수도 있겠군요.

참가자_ 글쎄요. 허허…

김지우_ 자기계발을 잘하면 당연히 그렇게 될 수 있습니다.

참가자_ 그게 되기만 하면 좋긴 하겠네요.

김지우_ 여러분. 매슬로우의 5단계 욕구이론에 대해 잘 알고 계시죠. 미국의 심리학자인 매슬로우는 인간의 욕구를 5단계로 구분했는데요. 생리적 욕구, 안전에 대한 욕구, 사회적 욕구, 존경의 욕구, 자아실현의 욕구가 그것입니다. 이런 욕구 가운데 가장 높은 단계가 바로 자아실현의 욕구인데요. 사람은 누구나 자기의 꿈을 실현하려는 욕구가 있다는 겁니다. 하지만 안타깝게도 자기의 이상을 실현하는 사람은 매우 적은 것이 사실입니다. 왜 그럴까요? 너무 일찍 그 꿈을 포기하기 때문입니다. 사람은 나이가 들수록 현실에 안주하려는 안이한 생각에 사로잡히게 되는데요. 주위에서 그런 생각을 하도록 분위기를 조장하는 것도 문제라 할 수 있습니다. 즉 올라가지 못할 나무는 쳐다보지도 말라는 식이죠. 이 말은 결국 적당하게 사회적으로 안정된 삶을 살도록 유도한다는 것입니다. 현실과의 타협이라고나 할까요.

참가자_ 맞아요. 저는 패션 디자이너가 되고 싶었는데 부모님이 워낙 반대하셔서 전자공학과에 진학했어요. 그래서 졸업하고 중소기업에 취업해서 그럭저럭 먹고살고 있지만 영 재미가 없어요.

김지우_ 그런 경우가 많이 있죠. 어린 학생들에게 장래희망을 물어보면 대통령, 판, 검사, 의사, 과학자, 경찰, 군인 등으로 대답하는 경우가 많습니다. 하지만 나이가 들수록 안정적인 직장인, 공무원, 교사 등으로 장래희망이 바뀌게 되죠. 그리고 나이가 좀 더 들게 되면 아무 일이라도 해서 그냥 밥 벌이 정도만 하면 된다고 또 바뀌게 되는데요. 이것은 결국 자기가 무기력하다는 것을 스스로 인정하는 것입니다.

참가자_ 그런 것 같아요. 저도 요즘 사는 게 너무 무기력하게 느껴져요. 지겹기도 하고요.

김지우_ 그렇군요. 그런데 사람은 자기가 정말 좋아하는 것을 하게 되면 에너지가 샘솟고 의욕도 커지게 됩니다. 그리고 자기가 하는 일에 대한 능률도 훨씬 향상되겠죠. 그렇게 되면 자부심과 자신감도 충만해져서 더욱 그 일에 대한 열정도 커지게 되고요. 이것이 선순환을 이루게 되면 삶이 즐거워지는 것입니다.

참가자_ 어떻게 해야 자아실현을 이룰 수 있나요?

김지우_ 자아실현은 그리 어렵지 않습니다. 사회적으로 높은 지위에 오르거나 돈을 많이 벌거나 권력을 쟁취하는 것이 반드시 자아실현은 아니기 때문이죠. 자아실현은 자기가 좋아하는 일을 해서 그 분야의 전문가가 되는 것을 가리킵니다. 가령 자기가 요리하는 것을 좋아한다면 요리를 배우고 연구해서 요리전문가가 되면 되고요. 집 짓는 것을 좋아한다면 건축전문가가 되면 되는 것입니다.

자아실현을 이루기 위해서는 우선 자기가 가장 좋아하고 잘할 수 있는 일이 무엇인지를 찾는 것이 필요합니다. 그리고 그 일을 찾아서 그 분야의 전문가가 되기 위한 준비를 잘해야 하는데요. 그 준비를 잘하는 것이 바로 자기계발인 것이죠.

자기계발은 지금 당장이 아니라 5년 후 또는 10년 후를 내다보고 준비하는 자기 자신과 미래를 위한 투자입니다. 사람은 항상 준비가 필요합니다. 준비가 되어 있으면 언제라도 기회를 잡을 수 있겠죠. 그래서 자신이 평생 즐겁고 재미있게 살기 위해 사람은 누구나 준비 즉 자기계발이 필요한 것입니다.

(3) 가장 행복한 사람 _ 자기가 좋아하는 일을 하면서 사는 사람이 가장 행복하다

김지우_ 여러분이 가장 바라는 것은 무엇인가요?

참가자_ 모든 것을 다 갖추는 것 이를테면 경제적으로나 사회적으로 그리고 가정적으로 안정되게 사는 것이요.

김지우_ 욕심이 정말 많으시군요.(웃음) 하지만 모든 사람이 가장 바라는 것은 '행복'입니다. 사람은 행복해지기 위해서 돈과 건강과 가정의 화목이 필요한 것이죠.

참가자_ 아~ 그런 것 같군요.

김지우_ 그렇다면 이 세상에서 가장 행복한 사람은 누구일까요?

참가자_ 글쎄요. 좋은 것을 많이 가진 사람이 아닐까요?

김지우_ 이 세상에서 가장 행복한 사람은 자기가 좋아하는 일을 하면서 사는 사람입니다. 동의하십니까?

참가자_ 아~ 네. 동의합니다.

김지우_ 그런데 문제는 그렇게 사는 사람들이 많지 않다는 겁니다. 대부분의 사람은 자기가 정말 좋아하는 것이 무엇인지 잘 모릅니다. 남들이 좋다고 하면 좋은 줄 아는 식이죠. 이런 현상은 사회적 기준에 맞춰 살려는 속성 때문에 발생하게 되는데요. 자기 주도적인 삶의 방식을 모르기 때문에 나타나는 현상입니다.

참가자_ 그게 나쁜가요?

김지우_ 나쁜 건 아니지만 바람직하지는 않죠. 사람은 취향이나 타고 난 적성이 각기 다르니까요. 조금 전에 말했지만 사람은 자기가 좋아하는 일을 하면 기분이 좋아지고 일의 능률도 높아집니다. 그리고 좋아하면서도 잘할 수 있는 일을 하게 되면 효율성이나 만족도가 훨씬 커지겠지요. 그래서 자기계발의 첫 단계는 자기가 좋아하면서도 잘할 수 있는 일을 찾아내는 것입니다. 그래야 합리적인 목표설정이 가능해지니까요.

대부분의 사람은 자기의 기준보다 사회적 기준에 맞춰서 살아간다. 그것은 자기가 원하는 삶을 사는 게 아니라 사회가 요구하는 삶을 사는 사람이 월등히 많다는 의미이다. 그래서 우리는 때때로 "나는 누구의 삶을 살고 있는가?"라는 질문을 스스로에게 해보는 것이 필요하다. 누군가는 사회가 요구하는 삶을 살고 또 누군가는 부모가 요구하는 삶을 살기도 한다. 그리고 드물지만 자신이 원하는 삶을 사는 사람도 있다. 자, 그렇다면 나는 누구의 삶을 살아야 할 것인지에 대한 답을 찾기가 조금은 쉬울 것이다. 그 답은 당연히 자신이 원하는 삶을 사는 것이다.

(4) 한비야와 빌 게이츠

김지우_ 여러분, 혹시 한비야 씨를 아세요?

참가자_ 물론이죠. 여행전문가이고 UN에서도 활동하는 분이잖아요.

김지우_ 네. 맞습니다. 한비야 씨는 여행전문가로 유명한 분이고 책도 여러 권 내셨죠. 그런 한비야 씨가 여행을 시작하게 된 동기가 뭔지에 대해서도 여러분은 잘 알고 계시겠지만 제가 간략하게 설명해드리겠습니다. 한비야 씨는 대학을 졸업하고 매우 안정적인 직장에 취업을 했습니다. 그리고 직장생활을 열심히 하다가 20대 후반에 "이건 내가 원하는 삶이 아니야."라고 하면서 사표를 제출하고 배낭 하나 둘러메고 여행을 떠났습니다.

참가자_ 맞아요. 한비야 씨가 쓴 책에서 그런 내용을 읽은 적이 있어요.

김지우_ 그렇군요. 한비야 씨에 대해서는 다들 잘 알고 계시죠. 자, 그럼 이번에는 빌 게이츠에 대해 한번 알아볼까요? 여러분은 빌 게이츠에 대해서도 너무 잘 알고 계실 텐데요. 빌 게이츠는 20대 초반에 하버드대를 다니고 있었습니다. 그러다가 어느 날 갑자기 빌 게이츠는 하버드대를 중퇴하고 '마이크로소프트사'를 창업했습니다. 맞나요?

참가자들_ 네. 맞아요.

김지우_ 여러분. 그 당시에 한비야 씨와 빌 게이츠 주변에 있던 사람들이 뭐라고 했을까요?

참가자들_ 뭐라고 했는데요?

김지우_ 저도 그 당시에 그 분들 옆에 있지 않았기 때문에 정확하게 알지는 못하지만 대개 이런 말들을 하지 않았을까요? "참 철 없다. 세상 물정을 몰라도 너무 모르네.", "고생을 사서 하네." 등등…

참가자들_ 그랬을 거 같네요.

김지우_ 네. 아마 그런 말들을 했겠죠. 그 좋은 직장과 대학을 그만두고 난데없이 여행작가가 되겠다느니 컴퓨터 관련 사업을 하겠다느니 하는 사람을 이해하기가 쉽지 않았을 겁니다. 그런데 지금은 어떤가요? 대개 부러워하겠죠.

참가자들_ 네. 당연히 부럽죠.

김지우_ 맞습니다. 많은 사람이 부러워하는 이유는 그들이 돈도 많이 벌고 유명해졌기 때문입니다. 즉 사회적으로 출세를 했기 때문이라는 것이죠. 그런데 그들이 출세를 한다는 보장이 있었을까요? 그런 보장은 없었습니다. 한비야 씨는 세계 곳곳의 험한 골짜기 즉 오지를 자주 찾아다녔는데요. 연약한 여자의 몸으로 오지 여행을 하다가 길바닥에 쓰러져 목숨을 잃을 수도 있었겠죠. 그리고 빌 게이츠 역시 어린 나이에 사업을 하다가 깡통을 찰 수도 있었을 것이고요. 그들이 지금처럼 '출세'하리라고 예상했던 사람은 많지 않았을 겁니다. 그런데 막상 그들이 '성공신화'의 주인공이 되고 나니까 다들 부러워하는 것이겠죠. 그렇지 않을까요?

참가자들_ 그래요. 그 말이 맞는 것 같아요. 저도 그러니까요.

김지우_ 자, 이 세상에 한비야 씨나 빌 게이츠처럼 살 수 있는 사람은 채 1%도 안 된다는 사실에 주목할 필요가 있습니다. 대부분의 사람은 그들처럼 살기가 힘든데요. 그 이유는 리스크(위험요인)가 너무 크기 때문이죠. 그리고 또 한 가지 이유는 자기주도적인 삶의 방식을 잘 모르기 때문입니다.

사람은 누구나 자기가 원하는 삶을 살길 원합니다. 하지만 실제로는 자신의 부모님이 원하는 삶을 살거나 사회가 원하는 삶을 사는 사람들이 압도적으로 많은 것이 사실입니다. 그래서 사람들은 늘 남의 눈치를 보며 사는 겁니다. 이것은 자신이 당당하지 못하다는 의미이며 진정으로 자신이 원하는 것을 모르고 있다는 뜻이기도 합니다.

참가자들_ 아~ 듣고 보니 일리가 있네요.

김지우_ 저는 여러분들에게 지금 당장 한비야 씨나 빌 게이츠처럼 살라고 주장하는 게 아닙니다. 여러분들도 자신이 원하는 삶을 사

는 것이 중요하다는 것과 그렇게 살기 위한 준비를 제대로 하는 것
이 필요하다는 말씀을 드리는 겁니다. 그렇게 하면 여러분도 한비
야 씨나 빌 게이츠처럼 충분히 만족스러운 삶을 살 수 있으니까요.

참가자들_ (일제히) 네. 알겠습니다.

트라우마 치유와
자기계발을 위한 심리멘토링

합리적인 목표를 설정하라

*자기가 좋아하는 일을 하면서 사는 사람에게 세상은 낙원이고
자기가 싫어하는 일을 하면서 사는 사람에게 세상은 지옥이다.*

—고리끼

(1) 일이 가장 중요하다

김지우_ 이번에는 다른 질문을 드리겠습니다. 여러분에게 가장 중요한 것은 무엇인가요?

참가자_ 가족, 건강, 돈 뭐 그런 것들이죠.

김지우_ 네. 그런 것들도 중요하지요. 그런데 사람에게 있어서 가장 중요한 것은 '일'입니다. 왜냐하면 사람은 자기가 어떤 일을 하느냐에 따라 자신의 가치가 결정되고 또 사람은 일을 통해 성장하는 존재이기 때문입니다. 만약 자기가 대통령의 일을 하면 대통령의 가치가 인정되고 양아치의 일을 하면 양아치의 가치가 인정되는 것이지요. 사람은 자기가 가치 있고 성장하고 있다고 느끼게 되면 삶에 대한 의욕과 열정이 커지게 됩니다.

참가자_ 아~, 그렇군요.

사람에게 가장 중요한 것은 단연 '일'이다. 사람은 일을 통해 세상을 알아가고 부와 명예를 얻을 뿐만 아니라 보람과 성취감과 자부심을 느끼게 되기 때문이다. 또한 자아실현과 성숙을 이루는 것과 자신의 가치를 높이는 것도 일을 통해서 가능하다. 가족을 돌보는 것도 일이고 친구를 돕는 것도 일이다. 넓은 의미에서는 사람의 모든 활동이 일인 것이다.

(2) 좋아하면서도 잘할 수 있는 일을 찾아라!

김지우_ 저는 좀 전에 좋아하면서도 잘할 수 있는 것을 찾는 것이 자기계발의 첫 단계라고 말했습니다. 그런데 제가 여러분에게 좋아하는 것이 무엇인가요? 라고 질문을 하면 아마 운동이나 독서, 여행, 음악. 영화감상 등이라고 대답하겠지요. 네. 맞습니다. 여러분이 좋아하는 것들은 취미를 가리킵니다.

김지우_ 근데 어떤 사람은 여러분이 취미라고 하는 것들을 직업으로 삼고 있는 경우도 있습니다. 가령 운동선수라든가 독서지도사라든가 성악가라든가 영화감독과 같은 직업을 가진 사람들이 있다는 것이죠. 여러분은 다른 직업을 가지고 있으면서 여가에 즐기는 취미를 어떤 사람들은 종일 하면서 돈도 벌죠. 부러운가요?

참가자_ 당연히 부럽죠. 재밌고 돈도 많이 벌잖아요.

김지우_ 그러면 선생님은 왜 그렇게 살지 않는가요?

참가자_ 저는 그 사람들처럼 소질이 없어요. 노력을 덜 했을 수도 있고요.

김지우_ 자, 선생님이 좋아하는 것을 알아볼까요? 선생님은 골프를 좋아하시죠. 그렇다면 골프를 칠 때만큼은 너무 즐겁고 재밌을 겁니다. 그렇다면 선생님은 평생 골프를 치며 살 수 있으면 행복하겠죠. 그런데 문제는 선생님이 평생 골프를 치며 살기가 어렵다는 겁니다. 그 이유는 다른 직업이 있기 때문이고요. 또 여행이라든가 독서와 같은 다른 취미도 있기 때문입니다. 만약 선생님이 정말 원한다면 평생 골프를 치며 살 수도 있습니다. 선생님이 지금부터라도 골프 연습을 열심히 해서 프로가 못 된다 하더라도 아마추어 골프선수가 되면 그럴 수 있다는 말입니다. 돈을 많이 벌든 못 벌든 그렇게 살면 행복할 수 있겠죠. 만약 선생님이 노래 부르기를 좋아한다면 일류 가수가 못 되고 무명 가수가 된다 하더라도 평생 노래를 부르며 살 수 있으니까 행복할 수 있는 것과 마찬가지입니다.

김지우_ 하지만 그렇게 살면 나이가 들수록 자신이 초라하게 여겨집니다. 생활이 궁핍해지기 때문이죠. 현실성이 낮으니까요. 그래서 사람은 자기가 좋아하는 일이라 하더라도 그 일을 잘할 수 있어야 한다는 것입니다. 자신이 좋아하면서도 잘할 수 있는 일이라면 그 분야의 전문가가 되기는 너무 쉽겠죠. 남들이 적당히 하라고 해도 신이 나서 더 열심히 할 겁니다.

김지우_ 이 대목에서 제가 여러분에게 말씀드리고자 하는 것은, 자신이 좋아하는 일이라도 그 일을 잘할 수 없다면 그 분야의 최고 전문가가 되기는 어렵다는 겁니다. 그래서 그 일을 직업으로 삼는 것은 적절하지 못합니다. 좋아하는 것만으로는 현실성이 떨어지기 때문입니다.

김지우_ 아울러 자신이 잘할 수는 있어도 좋아하지 않는 일도 마찬가지입니다. 잘할 수 있어도 좋아하지 않으면 오래 하기가 힘들기 때문이죠. 그래서 자기가 좋아하면서도 잘할 수 있는 것, 이 두 가지가 동시에 만족스러운 일을 찾아야 합리적인 목표설정이 가능해집니다.

사람은 누구나 자기가 좋아하는 취향이 있다. 그래서 그 취향대로 좋아하는 일을 하면 능률이 올라간다. 하지만 좋아하기만 해서는 현실성이 낮을 수 있다. 그 일을 좋아하지만 잘할 수 없다면 높은 단계로 올라가기가 어렵기 때문이다. 좋아하면서도 잘할 수 있는 일을 찾아서 그 일에 매진할 때 그 분야의 최고단계까지 올라갈 수 있는 것이다. 그리고 그것이 바로 자기계발의 핵심적인 요소이기도 하다.

김지우_ 그렇다면 어떻게 해야 자기가 좋아하면서도 잘할 수 있는 일을 찾을 수 있을까요? 그 일을 찾기 위해서는 자기탐색과정이 필요한데요. 처음에는 자기가 좋아하는 것의 목록을 만들어 봅니다. 가령 자기가 음악이나 미술을 좋아한다면 그것을 목록란에 적고 또 독서나 여행을 좋아한다면 그것도 적습니다. 이렇게 적어가다 보면 개수가 점점 많아지겠죠. 10개, 20개 그 이상이 될 수도 있습니다.

김지우_ 그런데 한 가지 조건이 있습니다. 그것은 돈, 명예, 사회적 지위와는 상관없이 오직 자기가 좋아하는 것이 기준이 되어야 한다는 것입니다. 왜냐하면 대부분의 사람은 직업을 선택할 때 가장 우선적으로 고려하는 것이 안정성입니다. 수입 즉 먹고 살만큼 돈이 되느냐 하는 것이고 그 다음으로는 사회적으로 어느 정도 인정받을 수 있는 분야를 고려하게 됩니다. 그래서 요즘 젊은 사람들은 교사와 공무원을 선망의 직종으로 꼽기도 하죠. 왜냐하면 교사와 공무원은 안정적이고 남들의 인정을 받으니까요. 하지만 모든 사람이 교사나 공무원이 될 수는 없고 또 그럴 필요도 없습니다. 또한 교사나 공무원이 된다고 해서 모두가 행복해지는 것도 아닙니다. 그런데도 오랫동안 교사 임용시험과 공무원 시험 준비에 매달리는 취업준비생들이 너무 많습니다. 심지어는 5~6년 또는 10년 이상 그 공부만 하는 경우도 종종 보게 되는데요. 특별한 사명감이 있다면 말릴 수 없겠지만 그렇지 않다면 다른 방편을 찾는 것이 현명하겠죠.

참가자_ 맞아요. 제 조카도 교사 임용시험을 3년 동안 준비하고 있어요.

참가자_ 사실 제 아들도 공무원 시험 준비에 6년째 매달리고 있습니다. 다른데 취업을 하라고 해도 통 말을 듣지 않아요.

김지우_ 그리고 그 다음에는 목록에 적힌 것과 관련된 직업을 찾아서 목록에 추가로 적어 넣습니다. 예를 들어서 자기가 음악을 좋아한다면 음악과 관련되는 직업을 찾아야 하는데 작곡가나 작사가, 연주자, 가수, 음악평론가 등이 되겠죠. 또 영화도 마찬가지로 영화감독, 시나리오 작가, 배우, 촬영기사, 조명기사, 스텝, 영화평론가 등이 될 것입니다.

김지우_ 자, 이번에는 자기가 잘할 수 있는 것을 찾아야 하는데요.

이것을 찾는 데는 심리·적성검사를 먼저 받아보는 것이 좋습니다. 사람은 누구나 타고난 소질 즉 적성을 갖고 있는데 정작 자기 자신은 모르고 있는 경우가 많습니다. 심리·적성검사를 받아서 자기가 어떤 분야에 소질이 있는지를 알고 탐색을 하면 정확성이 더욱 높아지겠죠.

김지우_ 하지만 그렇게 한다고 해서 자기가 좋아하는 것과 잘할 수 있는 것을 금방 찾을 수 있는 것은 아닙니다. 몇 가지가 동시에 발견되면 선택에 있어서 갈등이 생기기 때문이죠. 그래서 그 다음 단계의 자기탐색이 필요한데요. 우선 자기가 좋아하는 것을 직접 체험해 보는 것이 중요합니다. 예를 들어서 자기가 그림그리기를 좋아한다면 미술학원에 등록해서 그림그리기를 직접 해 보는 겁니다. 이때는 그림을 그리면서 "내가 평생 그림을 그려도 재밌고 잘 할 수 있는지"를 생각하고 느껴봐야 합니다. 그렇게 약 3개월 정도 그림을 그리면서 계속 피드백을 하게 되면 약간은 감이 느껴지겠죠. 그래서 자기가 정말 좋아하면서도 잘 할 수 있다는 확신이 생기면 계속 그림을 그리면 되고 그렇지 않다고 판단되면 다른 쪽을 탐색하게 되는데요. 이런 식으로 자기가 정말 좋아하면서도 잘할 수 있는 일을 체험을 통해 찾아 나가는 것입니다. 어때요? 재밌을 것 같지 않나요?

참가자_ 네. 재밌을 것 같아요.

김지우_ 그렇습니다. 자기 탐색 과정은 아주 재밌고 즐겁습니다. 자기가 좋아하는 것만을 골라서 차례로 체험해보는 과정이니까요.

(3) 일에 대한 고정관념을 넘어서라!

김지우_ 여러분, 일이 쉬운가요? 어려운가요?

참가자_ 당연히 어렵죠. 세상에 쉬운 일이 어디 있습니까?

참가자_ 맞아요. 세상에 쉬운 일은 없어요.

김지우_ 그런가요? 물론 어렵고 힘든 일도 있습니다. 하지만 어떤 일은 내가 밤새도록 해도 어렵지 않고 힘들지 않은 경우도 있습니다. 그것을 하면 할수록 에너지가 샘솟는 일이 누구에게나 한두 가지는 있기 마련입니다. 그렇다면 모든 일이 어렵고 힘든 것은 아니라는 것을 아시겠죠. 다시 말하지만, 자기가 좋아하는 일을 하면 재밌고 즐겁습니다. 그래서 일의 능률도 높아지게 되지요. 그리고 자기가 좋아하면서도 잘할 수 있는 일은 더 재밌고 더 즐겁고 효율성도 더욱 높아집니다.

참가자_ 저는 밤새도록 술을 마셔도 전혀 힘들지 않고 즐겁고 재밌는데요. 거기다 게임까지 하면 딱~이죠.

김지우_ 아주 고상한 취향을 가지셨군요.(웃음) 그런데 밤새도록 술 마시면서 게임을 하면 선생님 자신이 가치 있는 사람이라고 느껴집니까?

참가자_ 아뇨.

김지우_ 바로 그겁니다. 사람은 어떤 일을 하면서 자신이 가치 있다고 느껴져야 자부심이 생깁니다. 술이 나쁜 건 아니지만 밤새도록 술을 마시는 것은 생산적이지 않다는 것을 아마 아실 겁니다. 비생산적인 일을 자주 하다 보면 자신의 가치가 점점 낮아지게 되고 파괴적인 삶으로 이어지게 되기 때문에 결국 불행해지는 겁니다.

대부분의 사람은 "일은 힘든 것이다."라는 고정관념을 가지고 있다. 그래서 놀고먹는 사람을 부러워한다. 그 중에서도 연금을 많이 받거나 큰 건물에서 임대료를 받아서 여유롭게 골프를 치거나 여행을 다니며 생활하는 사람들을 가장 부러워한다.

하지만 그렇게 살면 자신의 가치를 높일 수가 없다. 시간이 지날수록 점점 무기력해진다. "일은 힘든 것이다."라는 사회적 통념은 비생산적이고 비합리적인 논리에 근거한 설득력이 약한 주장일 뿐이다. 자기가 하는 일을 즐겁고 재밌게 하면서 나날이 성장하고 발전하는 사람도 있지 않은가.

(4) 내게 최적화된 목표를 설정하라

김지우_ 여러분의 삶의 목표는 무엇인가요?

참가자_ 건강하게 오래 사는 거요.

참가자_ 돈 많이 벌어서 여유롭게 사는 거요.

김지우_ 네. 정말 훌륭한 목표들을 갖고 계시는군요.(웃음) 그런데 제가 아까 말씀드린 대로 사람에게 가장 중요한 것은 일입니다. 그래서 삶의 목표를 설정할 때도 일을 중심으로 해야 합니다. 이때의 일은 직업을 가리킵니다. 여러분은 어떤 직업을 갖길 원하십니까?

트라우마 치유와
자기계발을 위한 심리멘토링

참가자_ 안정적이고 돈도 많이 벌 수 있는 직업이요.

김지우_ 그렇습니다. 대부분의 사람이 안정적이고 돈을 많이 벌 수 있는 직업을 갖길 원하죠. 거기다 사회적으로 인정받는 직업이면 더 좋을 겁니다. 그래서 제가 앞에서 말씀드린 대로 교사와 공무원을 가장 선호하는 것이 현실인데요. 그렇다면 선생님도 교사나 공무원이 되고 싶으세요?

참가자_ 제가 조금만 더 젊었으면 그쪽으로 방향을 정했을 겁니다. 그런데 지금은 나이가 너무 많아요.

김지우_ 그렇군요. 그런데 교사나 공무원이 자기가 정말 좋아하고 잘할 수 있는 직업인지는 따져봐야 합니다. 자기가 학생을 가르치는 일을 정말 좋아하고 잘할 수 있다면 교사가 되어야 하겠죠. 또한 자기가 국민들을 위해 헌신하고 봉사하는 일을 정말 좋아하고 잘할 수 있다면 공무원이 되어야 하고요. 하지만 그런 것보다는 우선 안정적이고 수입도 괜찮고 사회적으로 인정받는 직업이기 때문이라면 좀 더 깊이 생각해 볼 필요가 있습니다. 교사나 공무원의 일이 자기의 적성이나 취향에 안 맞을 수도 있기 때문이죠. 많은 사람들이 비합리적인 목표를 설정하는 이유가 바로 사회적 기준을 염두에 두기 때문입니다. 그리고 삶의 목표를 너무 거창하게 설정하는 것도 합리적이라고 할 수 없는데요. 자기가 좋아하면서도 잘할 수 있는 일을 찾는 것이 합리적인 목표 설정의 선결 과제라는 점을 항상 염두에 두시기 바랍니다.

전문가가 되라

(1) 전문가의 시대

김지우_ 여러분, 지금은 어떤 시대인가요?

참가자_ 황금만능주의시대요.

김지우_ 네. 물질적 가치를 최우선으로 생각하는 황금만능주의시대를 우리는 살고 있습니다. 만약 그렇다면 돈을 많이 버는 데 필요한 것은 무엇인가요?

참가자_ 돈 많은 부모를 만나는 것이요.(웃음)

김지우_ 그런가요? 돈 많은 부모를 만나면 좋긴 하겠지만, 그것은 어디까지나 백그라운드에 속합니다. 자신의 능력이 받쳐주지 않으면 그 돈은 금방 탕진될 수도 있겠죠.

자, 지금은 어떤 시대냐 하면 전문가의 시대입니다. 지금은 백그라운드나 학위시대가 아닙니다. 주위를 둘러보면 석사, 박사학위를 가진 사람들이 너무 많습니다. 그들 중에는 사회적으로 높은 위치에 올라있는 사람도 있지만 백수 비슷한 사람도 꽤 많이 있죠. 20~30년 전과는 차이가 큽니다. 지난 시절에는 학위가 출세의 필수조건이었지만 지금은 그렇지 않습니다. 오히려 학위가 높을수록 할 수 있는 일이 적어지는 것이 엄연한 현실입니다.

50대 중반의 장계발(가명) 씨, 그 분은 은행지점장으로 근무를 하다가 얼마 전에 명예퇴직을 했습니다. 그러고 나서 몇 달간 부부 동반으로 세계 각지로 여행을 다니다가 얼마 전부터 새로운 일자리를 찾고 있었는데요. 특별한 기술이 없는 그 분이 할 수 있는 일을 찾기가 쉽지 않았지요. 그래서 아내와 식당을 하기로 하고 장소를 알아보기도 했습니다. 퇴직한 40~50대가 가장 많이 하는 것이 식당과 편의점 또는 커피전문점이 아닌가요. 그런 장계발 씨가 최근에 저에게 심리상담을 신청했습니다. 저는 그 분에게 자신이 진실로 좋아하고 잘할 수 있는 일을 찾아야 한다고 조언을 했습니다. 그리고 그 분야의 전문가가 되어야 한다고 덧붙였죠. 지금은 전문가 즉 프로가 존중받는 시대이니까요. 장계발 씨는 여러 차례의 상담과 자기탐색과정을 통해 자신이 감성적이고 상상력이 풍부하다는 사실을 알게 되었고 아이디어상품 개발이 자기에게 가장 잘 맞는다는 결론에 도달했습니다. 그래서 그 분은 현재 아이디어상품개발전문가가 되기 위한 자기계발을 하고 있는데요. 조만간에 벤처기업을 창업할 계획도 세워두고 있습니다. 그 분은 아이디어상품 개발이 너무 재밌고 자기에게 딱 맞는 일이라고 단언할 뿐 아니라 요즘은 자신이 이 세상에서 가장 행복한 사람이라고 서슴없이 말을 하기도 합니다.

참가자_ 정말 잘 되었네요. 저도 그렇게 되었으면 좋겠어요.

참가자_ 저도요.

참가자_ Me too.(폭소)

(2) 한 가지 일을 잘하는 사람이 전문가다

김지우_ 여러 방면의 일을 골고루 잘하는 사람이 있습니다. 우리는 그런 사람을 '팔방미인'이라고 부르지요. 하지만 골고루 잘하는 분야마다 최고 전문가인 사람은 거의 없습니다. 그 이유는 에너지의 흐름이 분산되고 집중력이 떨어지기 때문인데요. 예를 들어서 축구도 잘하고 야구도 잘하고 농구도 잘하고 거기다가 권투도 잘하는 사람이 축구, 야구, 농구, 권투선수로 세계적인 선수가 될 수는 없다는 겁니다. 각 분야에는 저마다 최고 전문가들이 있습니다. 그리고 그들은 그 분야에서 최고의 대우를 받지요.

사람은 한 가지 일만 잘하면 됩니다. 그렇게 되면 다른 일도 다 잘할 수가 있어요. 김연아 선수는 피겨만 잘 타면 백 가지 일도 잘할 수 있습니다. 왜냐하면 한 가지 분야에서 특출하게 능력을 키우면 다른 일에도 적용하기가 쉽기 때문입니다. 또한 일을 통한 성취감이 커지게 되면 성공에 대한 자신감도 커지기 때문에 어떤 일을 해도 잘할 수 있는 겁니다.

참가자_ 아하~ 듣고 보니 일리가 있군요.

참가자_ 근데, 전문가는 쉽게 될 수 없잖아요.

김지우_ 네. 전문가가 되기는 어렵죠. 그래서 제가 앞에서 말한 대로 자기가 좋아하면서도 잘할 수 있어야 한다고 했고요. 또 그 분야의 전문가가 되기 위해서는 그런 조건을 갖추고 있다 하더라도

'1만 시간의 법칙'을 소화해야 합니다.

(3) 1만 시간의 법칙을 소화하라

김지우_ 여러분. '1만 시간의 법칙'이 뭔지 잘 알고 계시죠?

참가자_ 그럼요. 어떤 분야에서든 전문가가 되기 위해서는 1만 시간동안 연습을 해야 한다는 것이죠.

김지우_ 그렇습니다. 세상에 공짜는 없습니다. 한 분야의 전문가가 되기 위해서는 피나는 노력이 필요합니다. 아무리 재능이 뛰어나다 하더라도 특출한 단계까지 오르는 과정은 쉽지 않습니다. 얼마 전 미국의 줄리아드음대 졸업생들을 대상으로 조사한 결과가 이를 잘 말해주는데요. 여러분이 잘 알다시피 줄리아드음대는 세계 각국의 음악 천재들이 모여서 기량을 연마하는 곳이죠. 그곳에는 대한민국의 유학생들도 많이 있는데요. 그들이 그곳에서 수년간 기량을 연마한 다음 졸업을 하고 나서 10년 후에 조사했더니 그들 중에 세계 최상위급 음악가 반열에 오른 사람은 채 10%가 안되는 결과가 나왔다고 해요. 그리고 그 10% 남짓한 세계적인 음악가가 된 사람들을 조사해 보니 한결같이 '1만 시간의 법칙'을 소화했다는 것입니다.

김지우_ 사람은 누구나 각자의 달란트(Talent, 재능)가 있습니다. 그 달란트가 크냐 아니면 적으냐의 차이가 있을 뿐이죠. 그런데 아무리 자신의 달란트가 크다고 하더라도 노력이 뒤따르지 않으면 세계 정상급에 오를 수가 없어요. 수많은 천재들이 오랫동안 두각을 나타내지 못하고 단명하는 이유가 바로 여기에 있습니다. 이른바 '반짝스타'로 끝나는 경우가 그것입니다. 톱스타로 오래 그 자리를 지키는 사람들은 노력으로 재능을 업그레이드시켰기 때문에 가능한 것입니다.

그렇다. 지금은 전문가의 시대이다. 그리고 자기계발의 목표도 자신에게 가장 잘 맞는 분야의 전문가가 되는 것이어야 한다. 그것이 자아실현이고 삶 자체가 즐거워지는 비결이기 때문이다. 이 세상에서 가장 행복한 사람은 자기가 좋아하는 일을 하면서 사는 사람이라는 사실을 명심해야 할 이유가 여기에 있다.

김지우_ 여러분도 지금까지 제가 설명한 방법대로 자기계발을 잘해보시길 바랍니다. 그래서 여러분 모두가 진실로 원하는 즐겁고 행복한 삶을 사시기를 진심으로 기원하면서 오늘 강의를 마치겠습니다. 감사합니다.

참가자들_ 수고하셨습니다.(일동 박수)

나는 즐겁게 사는 법을 배우지 못했다

나는 지금까지 "사람은 왜 고통스럽게 살아야 하는가?"라는 물음에 대한 답을 찾기 위해 온갖 노력을 다 기울였다. 그리고 마침내 그에 대한 답을 찾았다. 그 답은 "나는 즐겁게 사는 법을 배우지 못했다."는 것이다.

모든 사람은 '행복'을 추구한다. 그것이 우리가 사는 목적이기 때문이다. 하지만 우리는 정작 '행복'에 대한 개념조차 명확하게 알지 못한다. 그저 "돈이 많으면 행복할 것이다."라거나 "건강해야 행복하다."라는 알맹이 없는 스토리에 길들여져 있을 뿐이다.

세상에는 공부하는 방법을 가르치는 곳이 많이 있다. 그리고 돈을 잘 버는 방법을 가르치는 곳도 많이 있고 건강해지는 방법을 가르치는 곳도 넘치도록 많이 있다. 하지만 즐겁게 사는 방법을 가르치는 곳은 많지 않다.

트라우마 치유와
자기계발을 위한 심리멘토링

하지만 우리에게는 즐겁게 사는 것이 가장 중요하다. '행복'의 핵심적인 키워드가 바로 '즐거움'이기 때문이다. 즐겁지 않으면서 "행복하다."라고 말할 수는 없지 않은가.

내가 즐거우면 세상도 즐거워진다. 내가 즐거우면 내 배우자도 즐거워지고 내 자녀들도 즐거워진다. 그렇다. 부모가 즐겁게 살면 자녀들은 저절로 즐겁게 살게 된다. 이른바 '즐거움에 대한 학습효과'가 어릴 때부터 의식 깊은 곳에 각인되면 평생 즐거움과 동행하며 살 수 있다. 그래서 가장 좋은 부모는 '즐겁게 사는 방법'을 자녀에게 가르치는 부모라고 나는 믿는다.

그렇다면 어떻게 해야 내 삶이 온전히 즐거워질 수 있을까?

내게는 삶의 터닝 포인트가 필요하다

나는 그동안 수많은 내담자를 상담하면서 그들에게 4가지 공통점이 있음을 발견했다. 그것은 비합리적이고 당당하지 못하며 자신의 가치를 자꾸 깎아내린다는 것 그리고 전혀 즐겁지 않다는 것이다. 그리고 그 중심에는 심리증상이 있었다.

내담자들은 모든 고통이 자신의 심리증상 때문이라고 여긴다. 그래서 그 증상만 없어지면 모든 것이 해결될 것으로 생각한다. 물론 그들이 그렇게 생각하는 것은 충분히 이해할 수 있다. 사람은 누구나 아프고 고통스러우면 거기로 생각이 모아지는 것이 당연하기 때문이다. 하지만 각종 심리증상을 가진 내담자들은 자기 자신이 그 증상을 붙들고 있다는 사실을 잘 모르고 있다. 그들 스스로가 고통을 즐기고 있다는 사실도 알지 못한다. 그래서 그들이 심리증상과 고통의 메커니즘을 정확하게 알고 그 문제를 해결하기 위해서는 전문적인 심리상담이 필요한 것이다.

심리상담은 트라우마를 치료하는 과정이지만 그것만으로는 충분하지 않다고 나는 앞에서 여러 차례 강조했었다. 그렇기에 내가 상담하는 방식은, 트라우마 치유는 물론이고 내담자의 삶 자체가 즐겁게 바뀌도록 하는 것이라는 점도 앞에서 밝힌 바 있다.

나는 내담자들에게, 사람은 누구나 '삶의 터닝 포인트'가 필요하다는 말을 자주 한다. 그리고 나와 상담을 시작하는 이때가 당신 삶의 터닝 포인트가 되기를 바란다고 덧붙인다.

나는 그와 함께 다음과 같이 삶을 터닝 시키는 4가지 키워드를 제시하고 설명을 이어간다.

삶을 터닝시키는 4가지 키워드

🍃 합리성

첫째는 합리성이다. 사람이 살면서 겪는 문제는 거의 비합리적인 생각과 말 그리고 행동으로 인해 발생한다. 이것은 우리의 신념체계가 왜곡되어 있다는 반증이다. 예컨대 "학생은 공부를 열심히 해야 해."라는

트라우마 치유와
자기계발을 위한 심리멘토링

신념을 가진 학생이 자기가 공부를 열심히 하지 않는다는 생각이 들면 마음이 불편해진다. 그래서 정신을 차리고 공부를 하려고 해도 생각만큼 잘되지 않으면 자책을 일삼을 수도 있다. 이런 현상은 다분히 비합리적이다. 이럴 때는 자신이 공부를 열심히 하지 않는 원인을 냉철하게 분석해 보는 것이 합리적이다. 그렇게 원인을 찾아내고 지금 이 상태에서 자신이 할 수 있는 최선이 무엇인지를 진지하게 생각해보는 것이 합리적이다. 그리고 자신이 할 수 있는 것은 자신이 하고 자신이 하기 힘든 것은 부모님이나 선생님 그리고 전문가에게 도움을 청하고 적절한 도움을 받는 것이 합리적이다.

결국 합리적이라는 것은, 감정적이라는 것과 상반되는 개념이라는 사실을 깨닫고 어떤 상황에서든 이성적으로 생각하고 판단할 때 우리의 삶은 보다 안정적으로 터닝이 된다.

🍃 당당함

둘째는 당당함이다. 대부분의 사람은 당당하게 살기를 원한다. 특히 자존감이 낮고 열등감이 심한 사람일수록 그런 경향이 짙다. 그들은 끊임없이 남의 눈치를 보며 살기 때문에 당당한 사람들을 부러워하고 은근히 시샘하기도 한다. 당당하다는 것은, 자신의 말과 행동에 확신을 가지고 있다는 의미이며 떳떳하게 자기의 소신대로 산다는 뜻이기도 하다.

나는 내담자들에게 "모든 심리 장애의 근본 원인은 죄책감이며, 모든 심리 장애의 해결 방법은 당당해지는 것"이라는 말을 자주 한다. 그리고 이 말은 사실이다. 사람은 자기 자신에게 아무 잘못이 없고 또 다른 사람들도 그렇게 알고 있다는 믿음이 있을 때 당당해진다. 반면에 자기 자신에게 뭔가 잘못이 있는 것 같고 다른 사람들도 그렇게 알고 있다고 생각되면 움츠러들고 남의 눈치를 살피게 된다. 이른바 '방어심리'가 작용하는 것이다.

당당함이란 자기 자신과 다른 사람들이 동등한 인격체이며 존중받아야 하는 존재임을 확실하게 깨달을 때 나타나는 현상이다. 결국 당당해진다는 것은, 자신을 꾸밈없이 드러내는 작은 용기만으로도 충분히 가능하고 그런 연습을 통해 습관이 형성되면 우리의 삶은 보다 여유로운 방향으로 터닝이 된다.

🍃 가치성

셋째는 가치성이다. 사람은 자기 자신이 가치 있다고 느껴질 때 적극적이고 능동적으로 말과 행동과 생각을 하게 된다. 그리고 이것은 자신의 '자존감'과 직접적으로 연관된 문제이기도 하다. '자존감'은 영유아기를 포함한 어린 시절과 성장 과정에서 부모님 및 주변 사람들에게 존중을 받는지 그렇지 않은지에 따라 다르게 형성된다. 만약 자기 자신은 충분히 존중받으며 자랐다고 느껴지면 자존감이 높을 것이고 그렇지 않다면 자존감이 낮을 것이다.

이 세상에는 자존감이 높은 사람보다 자존감이 낮은 사람이 월등히 많다. 그 이유는 대부분의 부모가 자녀를 존중하는 방법을 모르기 때문이다. 자녀를 무조건 끌어안고 감싸는 것은 존중하는 모습이 아니다. 부모는 자녀가 아무리 어릴지라도 인격적으로 대하는 것이 바로 존중하는 모습이다. 이것은 그 부모가 성숙한 인격을 갖추었을 때 가능하다.

자신의 가치를 높이는 가장 좋은 방법은 모든 사람을 존중하는 것이다. 그리고 '마음의 보약'인 칭찬, 지지, 격려, 사랑을 주변 사람들에게 많이 베푸는 것이다. 내가 스스로 남들이 받고 싶어 하는 것을 베풀 때 나의 가치가 그만큼 커지게 되고 내 자존감도 높아진다.

🍃 즐거움

넷째는 즐거움이다. 즐거움의 핵심 문장은 "내가 좋아하는 것을 하는 것"이다. 앞에서 말한 대로, 사람은 누구나 자기가 좋아하는 것을 하면서 살길 원한다. 하지만 안타깝게도 그렇게 사는 사람은 매우 드물다. 그 이유는 여러 가지가 있겠지만, 자기가 진실로 좋아하는 것을 잘 모르고 있기 때문이라 할 수 있다. 대개는 남들이 좋다고 하면 좋은 줄 안다. 그런데 실제로 자기가 좋아하는 것을 정확하게 찾아서 그 분야의 전문가가 되는 것이 자기계발의 목적이고 삶 자체가 즐거워지는 비결임을 앞부분에서 이미 다루었으므로 이 부분은 충분히 이해가 될 것으로 믿는다.

나는 내 자신을 포함한 모든 사람이 즐겁게 살길 원한다. 그렇게 되기 위해서는 가장 먼저 이 세상의 모든 부모의 삶이 즐거워져야 한다. 부모가 즐겁게 살면 그 자녀들은 저절로 즐겁게 살게 된다. 그 자녀들이 즐겁게 살게 되면 그 자녀의 자녀들도 즐겁게 살게 될 것은 당연한 이치이다.

나는 내담자들에게 말한다. "당신은 트라우마를 치유하기 위해 상담을 받으러 왔지만, 트라우마 치유뿐만 아니라 당신의 삶이 합리적이고 당당하며 자신의 가치가 높아지며 즐거워지는 방향으로 상담이 진행될 것이고 당신의 삶이 행복하고 즐겁게 변화될 것입니다. 그것이 근본적이면서도 최고의 치료이기 때문입니다."라고. 그리고 실제로 그런 방식으로 상담을 진행하다 보니, 내 자신도 놀랄 만큼 상담의 효율성이 높아지는 것은 물론 내담자들이 만족스러워하는 모습을 보면서 보람과 함께 내 자신이 날마다 더욱 즐거워지는 체험을 하고 있다.

나는 앞으로도 내담자와 그의 가족들 그리고 이 세상의 모든 사람들이 함께 즐거워지는 상담을 계속할 것이다. 그것이 내가 믿고 있는 가장 가치 있는 일이기 때문이다.

트라우마 치유와
자기계발을 위한 심리멘토링